UM ELOGIO À TRISTEZA

UM ELOGIO À TRISTEZA

Alexandre Patricio de Almeida

1ª edição

EDITORA RECORD
RIO DE JANEIRO • SÃO PAULO
2025

CIP-BRASIL. CATALOGAÇÃO NA PUBLICAÇÃO
SINDICATO NACIONAL DOS EDITORES DE LIVROS, RJ

A444e

Almeida, Alexandre Patricio de
Um elogio à tristeza / Alexandre Patricio de Almeida. – 1. ed. – Rio de Janeiro: Record, 2025.

ISBN 978-85-01-92561-9

1. Tristeza. 2. Autorrealização. 3. Desenvolvimento pessoal. I. Título.

25-99449.0 CDD: 158.1
CDU: 159.947.5

Gabriela Faray Ferreira Lopes – Bibliotecária – CRB-7/6643

Diagramação: Abreu's System

Texto revisado segundo o Acordo Ortográfico
da Língua Portuguesa de 1990.

Direitos exclusivos desta edição reservados pela
EDITORA RECORD LTDA.
Rua Argentina, 171 – Rio de Janeiro, RJ – 20921-380 – Tel.: (21) 2585-2000.

Impresso no Brasil

ISBN 978-85-01-92561-9

Seja um leitor preferencial Record.
Cadastre-se no site www.record.com.br
e receba informações sobre nossos
lançamentos e nossas promoções.

Atendimento e venda direta ao leitor:
sac@record.com.br

Para Elizabeth e Bing, que me ensinaram que a tristeza pode ser muito mais do que um fardo. Ela pode ser um estado de alívio. Quando acolhida, ela nos ensina a respirar embaixo d'água. Ambos também me mostraram que a agonia da perda é, paradoxalmente, a prova mais concreta do amor que existiu.

Quero chacoalhar essa cena, há tantos anos congelada, para arrancar de dentro de mim seu caráter sagrado de ícone (demonstrado, por exemplo, na minha crença de que é ela que me leva a escrever, de que é ela que está no fundo dos meus livros).

— Annie Ernaux, em *A vergonha*

Sumário

Um breve elogio a *Um elogio à tristeza*

Estamos diante de um livro necessário. Não para você, não para mim, não para a editora, ao menos não *por enquanto*, mas necessário ao seu próprio autor. Eu já sabia que meu querido amigo Alexandre Patricio de Almeida escrevia por necessidade, coisa que acontece com os grandes escritores. Conheço poucas pessoas que escrevem como o nosso autor, tanto no sentido da *qualidade* de sua escrita, sempre impecável, quanto no sentido da *quantidade* que ele escreve, beirando, tantas vezes, a uma compulsão (invejável, aliás, diga-se de passagem).

Eu já li muitas coisas que Alexandre escreveu, mas nada chega perto desse ensaio, que comporta um estilo profundamente original e novo, inclusive para ele. Aposto que isso tem a ver com a necessidade de escrita que mora em cada letra deste livro.

Quem acompanha o trabalho do Alê já sabe que ele é um estudioso, um pesquisador das coisas que perdemos. Mas não dessas perdas que acontecem, assim, porque *shit happens* e às vezes a vida desanda e oh, que pena, agora já foi. Ele é um investigador das perdas que nos trazem belezas antes inimagináveis e depois inevitáveis.

Nesse elogio que Alê faz à tristeza, você vai achar esse sentimento tão pouco instagramável bonito, eu juro. E vai se emocionar, juro também, caso você seja ainda um ser humano (nem todos somos, acredite). E olha que eu até sou pessoa de achar tristeza bonita, mas não sou pessoa de jurar.

Encontramos nesse texto a teoria psicanalítica no sentido mais clínico possível, que é aquela que é vivida "em primeira pessoa", termo esse que Alexandre sempre usa, se referindo ao dizer de Winnicott — e que aqui ele encarna em palavras. Se trata da sua história, não toda, da sua vida, não toda, das suas elaborações, não todas, da parte disso que ele precisou e pode escrever.

Peço licença ao meu amigo Alê para te contar uma coisa dos bastidores: este livro foi escrito mais de uma vez. Sei disso porque o autor é meu amigo pessoal e me contou. Não perguntei a ele se eu podia contar para vocês, mas como é meu amigo e a gente sente algumas coisas sobre os nossos amigos mesmo que eles não nos digam, eu sei que posso contar. Alexandre escreveu o livro pela primeira vez, recebeu os comentários de seus editores e, em vez de "apenas" ajustar os apontamentos feitos, ele o reescreveu todo. Conto isso para vocês não por ser fofoqueira (porque não sou), mas para apontar que este livro é irredutível. Ele é sintético, breve, direto ao ponto. Porque é efeito de trabalho de escrita, de trabalho de análise, trabalho de se deixar alterar pelos outros, trabalho de redução.

Achei bonito que este não seja um livro sobre o luto, do qual tanto falamos por aí e um tema sobre o qual Alexandre-pesquisador-psicanalista tanto já se debruçou e segue se debruçando; é um livro sobre a tristeza, essa menina que insiste na gente. Diferentemente do que nosso pensamento reducionista nos leva a acreditar, aprendemos com este livro que a tristeza e a alegria não são inimigas, elas estão mais para *BFFs* mesmo.

Tristeza não tem fim, felicidade sim, escreveu o poeta Vinicius de Moraes e cantamos com Tom Jobim. "O sentimento de beleza é o nosso elo com o infinito", escreveu Clarice Lispector. Há algo desse elo com o infinito que, certamente, Alexandre, com sua escrita e intimidade com a tristeza, bem soube enganchar. Acredite, caro leitor, este livro, com 176 páginas, carrega em si uma porção do infinito.

Antes de concluir, quero agradecer ao Alexandre pelo convite tão lisonjeiro para estar com ele neste texto de apresentação que abre esse livro, tão bonito! E que, para mim, já ocupa o lugar de *necessário*.

Boa leitura!

ANA SUY,
psicanalista e escritora.

Introdução

O encanto é a única cura possível para a inevitável tristeza. Havia, às vezes, um momento em que discutíamos a tristeza. Era fundamental sabermos que aconteceria e que implicaria força maior.[1]

Antes de tudo, preciso dizer a vocês: este não foi um livro pensado às pressas. E, para ser honesto, não saberia escrevê-lo de outro jeito. Sempre desconfiei dos textos que se constroem com facilidade excessiva. Para mim, escrever é um acontecimento que escapa ao controle — algo que começa a acontecer antes mesmo de ser possível saber. É por isso que concordo inteiramente com Marguerite Duras, quando ela diz: "Se soubéssemos

1. Valter Hugo Mãe, *As mais belas coisas do mundo*. Rio de Janeiro: Biblioteca Azul, 2019, p. 12.

alguma coisa daquilo que vamos escrever antes de fazê-lo, antes de escrever, nunca escreveríamos. Não valeria a pena."[2]

Assim, este livro foi se formando devagar — talvez pelo acúmulo de coisas que estavam engasgadas, em total desorganização. Foi se construindo nas sobras da rotina, nos restos dos dias. Aparecia quando eu menos esperava: entre um compromisso e outro, enquanto eu olhava pela janela e não pensava em nada — ou pensava em tudo ao mesmo tempo.

No início, eu tinha apenas ideias soltas. Esboços inacabados. Rascunhos digitados no bloco de notas do celular. Fragmentos anotados nos meus cadernos — sim, ainda escrevo à mão, pois preciso sentir a letra escorrendo no papel para confiar no que estou dizendo.

Escrevi quando dava. Ou melhor: escrevi quando não dava para não escrever. Quando alguma coisa dentro de mim começava a apertar. Há dores que esperam até que alguém as escreva.

Foi então que percebi que precisava escrever sobre a tristeza.

Faço isso com certo receio. Falar desse assunto, na atualidade, pode parecer um passo na contramão. Afinal, a felicidade virou métrica, filtro, mantra, direito

---

2. Marguerite Duras, *Escrever*. Belo Horizonte: Relicário, 2021, p. 64.

adquirido e — para mim, o mais cruel de todos — obrigação moral. Somos diariamente bombardeados com imagens de plenitude, sobretudo nas redes sociais. A alegria se tornou uma espécie de padrão de desempenho; uma exigência cultural.

A tristeza, ao contrário, é vista com receio e tratada com descaso. Quem sente demais é frágil. Quem se cala é estranho. Quem fala é logo convidado a "superar". Vivemos, ao que parece, num surto coletivo; como se sentir fosse uma falha, e não uma forma legítima de se manter fiel a si mesmo. Entretanto, o pior apagamento é aquele que surge quando não se permite nomear o que sentimos.

Em contrapartida, há uma série de virtudes na tristeza que não se revelam a quem vive correndo. É preciso parar. Escutar. Ficar com ela tempo o suficiente para que alguma coisa seja dita. E nem sempre o que é dito é óbvio. Às vezes vem em imagens, lembranças, pedaços de uma dor ancestral que já perdeu o nome, mas continua lá.

Gostaria de iniciar a nossa conversa analisando a própria origem do termo: *tristeza* vem do latim *tristitia*, derivada de *tristis*, que significa pesado, grave, severo. Contudo, sua raiz mais arcaica, partilhada com línguas indo-europeias, evoca uma ideia mais corpórea: aquilo que *oprime*, que *pesa no peito*, que inflige uma desaceleração ao curso natural da vida. Não à toa, quando estamos tristes, tudo parece mais lento — os passos, os pensamentos, a respiração etc.

No dicionário Michaelis de língua portuguesa, o vocábulo "tristeza" é definido como desgosto, melancolia, manifestação de mágoa e profundo pesar.[3] Não é necessário ser nenhum especialista para notar que tais definições carregam em si a lógica do descarte. Fico, sinceramente, um pouco decepcionado com isso. Se eu paro para olhar com honestidade a minha própria história, é impossível negar que algumas das experiências mais humanas, mais autênticas e mais transformadoras que vivi surgiram do enfrentamento de uma tristeza que não pôde ser evitada.

Por favor, não me entendam mal. Não proponho neste trabalho um protesto contra o cuidado. Muito menos contra a ciência e os profissionais da escuta, ou contra os remédios capazes de salvar vidas que estão por um fio. Longe disso.

Inclusive, para construir as hipóteses aqui levantadas, recorri a artigos científicos que, para a minha surpresa, também se debruçam sobre os possíveis benefícios da tristeza. Nessa empreitada, encontrei trabalhos

---

3. O verbete pode ser lido em: https://michaelis.uol.com.br/busca?r=0&f=0&t=0&palavra=tristeza. Acesso em: 12 ago. 2025.

que, mesmo fora do campo da psicanálise, desmentem a ideia de que estar triste só atrapalha.

O psicólogo social australiano Joseph P. Forgas, por exemplo, publicou em 2013 um artigo cujo título já diz muito: "Don't Worry, Be Sad! On The Cognitive, Motivational, and Interpersonal Benefits of Negative Mood".[4] Nele, Forgas demonstra que estados de humor negativos — entre os quais a tristeza se destaca —, quando leves e transitórios, podem ampliar a atenção, afinar o julgamento, estimular a motivação e até melhorar a comunicação interpessoal. Isto é, aquilo que o discurso dominante insiste em rotular como "baixo-astral" pode, na verdade, ser um sinal de que estamos tentando pensar (e agir) com mais prudência. Além disso, o trabalho de Forgas escancara o quanto ainda somos influenciados por uma concepção estreita de saúde psíquica, pautada pela funcionalidade e pelo otimismo permanente.

Esse estudo, é claro, não pretende resolver todas as questões atreladas à tristeza. Todavia, ele aponta para uma constatação que a psicanálise afirma há muito tempo: a tristeza, longe de ser um sintoma a ser combatido,

---

4. Joseph P. Forgas, "Don't Worry, Be Sad! On the Cognitive, Motivational, and Interpersonal Benefits of Negative Mood". *Current Directions in Psychological Science*, v. 22, n. 3, p. 225-232, 2013. Disponível em: https://doi.org/10.1177/0963721412474458. Acesso em: 12 ago. 2025.

pode funcionar como um sinal de contato com a realidade e como ponte para a elaboração psíquica. Não se trata, portanto, de inflar uma evidência isolada. Mesmo fora do campo psicanalítico, já se começa — ainda que timidamente — a admitir que certos afetos menos eufóricos podem oferecer contribuições significativas para a saúde mental e relacional dos sujeitos.[5]

5. À guisa de exemplo, cito dois livros importantes acerca dessa temática, que foram fundamentais para a construção desta pesquisa: Jerome C. Wakefield & Allan V. Horwitz, *The loss of sadness: how psychiatry transformed normal sorrow into depressive disorder.* Nova York: Oxford Press, 2007; e Juliana Belo Diniz, *O que os psiquiatras não te contam.* São Paulo: Fósforo, 2025.

1

Sobre o começo

Eu me dou melhor comigo mesma quando estou infeliz: há um encontro. Quando me sinto feliz, parece-me que sou outra. Embora outra da mesma.[1]

Conforme mencionei, a premissa deste livro já existia havia meses — talvez anos. Eu é que não sabia como iniciar a escrita.

Estava de férias, tomando banho e tentando descansar no meu lugar preferido no mundo, quando fui atropelado por uma linha de raciocínio. Em questão de minutos, os capítulos se desenharam, um depois do outro, como se sempre tivessem existido, precisando de alguém disposto a escutá-los. Saí do chuveiro pingando ideias.

1. Clarice Lispector, *Um sopro de vida*. Rio de Janeiro: Rocco, 2020. E-book.

Voltei de viagem com a certeza de que o livro sairia. Mas, assim que me sentei diante do computador, fui engolido por uma avalanche de dúvidas neuróticas: começo com uma teoria? Com uma frase bonita? Alguma provocação que pareça inteligente? Fiquei dias testando inícios que não me convenciam, até constatar que certas escritas se impõem. Como bem disse Clarice: "Escrever é procurar entender, é procurar reproduzir o irreproduzível, é sentir até o último fim o sentimento que permaneceria apenas vago e sufocador."[2]

Nesse mesmo período, o Bing morreu.

Meu cachorro. Um pug de quase 10 anos. Se foi como viveu: doce, gentil, sem querer incomodar. Não deu aviso. Não esperou que eu estivesse preparado. Simplesmente partiu — e deixou um buraco que ainda não aprendi a preencher. E, sendo sincero, nem sei se quero. Há ausências que se tornam um altar íntimo — a gente não mexe, só admira. E, vez ou outra, quando o silêncio permite, fazemos uma prece.

O nome dele é uma homenagem explícita ao personagem Bing Bong do filme *Divertida mente* (2015) — um bicho de pelúcia cor-de-rosa, com cara de elefante,

2. Clarice Lispector, *Todas as crônicas*. Rio de Janeiro: Rocco, 2018, p. 143-144.

corpo meio gato, meio golfinho, e um rabo de algodão--doce. Ele foi o amigo imaginário de Riley, uma garotinha de 11 anos que, como tantas outras, enfrenta as angústias do amadurecimento.

Esquecido com o passar dos anos, o bicho de pelúcia acabou caindo no "Poço do Esquecimento".[3] É nesse lugar inóspito que a Alegria o reencontra. Perdida após se desentender com a Tristeza, ela não sabe como retornar à "sala de comando" — um espaço simbólico onde as Emoções administram o que Riley sente. Prontamente, Bing Bong lhe oferece ajuda. Acha, em meio à poeira, um velho carrinho vermelho movido à música, embalado pela canção que o fazia voar: "Bing Bong, Bing Bong, meu amigo para brincar." Sem hesitar, ambos saltam nele e acionam o motor, cantando juntos, como nos tempos em que Riley não tinha preocupações. Tentam várias vezes subir de volta à superfície, mas não conseguem. O peso dos dois os arrasta para baixo.

---

3. No filme *Divertida mente*, o Poço de Esquecimento pode ser lido como o lugar para onde vão memórias que perderam força e deixaram de chegar à consciência. Em parte, pode ser resumido pelo simples uso e desuso: o que não é lembrado vai desbotando. Entretanto, também tem um aspecto defensivo: o que dói pode ser mantido afastado para nos proteger, bloqueando o acesso que temos à lembrança. Esquecer não é o mesmo que recalcar, mas os dois acabam produzindo o mesmo efeito imediato, que é não lembrar.

E então ele entende: *alguém precisa ficar para que o outro possa subir.*

Na última tentativa, Bing Bong dá o impulso final e se deixa cair propositalmente. Sorri, acena em despedida e vai se desfazendo aos poucos no fundo do abismo. Ele sabe que certos amores precisam desaparecer para que outros possam surgir. "Salve a Riley! Leve ela para a lua por mim, tá?", pede à Alegria, que observa tudo lá de cima. E, pela primeira vez, a Alegria chora. Chora porque compreende que a infância, por mais linda que seja, não cabe inteira no presente.

A Alegria consegue voltar, mas não o faz desacompanhada. Ela segue de mãos dadas com a Tristeza. Juntas, retomam o caminho até a sala de comando. Chegam no momento exato em que Riley está prestes a se perder de si mesma, ensaiando uma fuga da realidade que o amadurecimento impõe. É a presença das duas que interrompe esse movimento. São elas que devolvem à menina a capacidade de sentir e o direito de pedir colo aos pais. O filme nos ensina que é acolhendo a dor, sem recusá-la, que a vida ganha impulso. Que crescer exige abraçar uma série de perdas.

Pois bem, acho que quando adotei o Bing eu também estava crescendo. Tinha acabado de me mudar, e estava decidido a morar sozinho. A sensação era estranha. E ele chegou desengonçado, com o olhar meio torto, e uma expressão que parecia perguntar: "Onde eu fico?" No caminho do canil até em casa, selou a nossa convivência com um cocô no banco do carro. Como tudo que é verdadeiramente vivo, foi cômico, trágico e íntimo.

Enquanto eu me embolava entre infinitas leituras, fichamentos e exigências acadêmicas, tentando descobrir como é que se escreve uma dissertação de mestrado, ele me oferecia outro tipo de ensinamento: tornar-se adulto não é um sistema lógico, e sim uma sucessão de acidentes domésticos e pequenos pactos de afeto. Ele me ensinava que amadurecer implica saber parar no meio da pressa, pois um focinho empurrando sua mão exige mais atenção do que qualquer prazo no calendário.

O Bing latia para o vento. Tinha crises existenciais com o próprio rabo. Reclamava quando eu atrasava o jantar (mesmo que por três minutos). Era metódico, rabugento, apegado. Um grude. Mas, ao mesmo tempo, era extremamente sensível: parecia pressentir meus humores antes mesmo que eu os nomeasse. À sua maneira, ele me arrancava da abstração, lembrando que existia vida fora das páginas.

De certo modo, penso que foi ele quem me apresentou à arte da convivência. Dividíamos o sofá e compartilhávamos a mesma dificuldade de sair da cama nas manhãs frias.

Enterrei o Bing no quintal da casa dos meus avós maternos — o mesmo chão onde, décadas antes, eu costumava brincar de ser eterno. À medida que jogava terra sobre aquele corpo pequeno, coberto com flores de ipê-roxo colhidas no jardim, repetia em pensamento a canção do filme: "Um amigo para brincar, Bing Bong, Bing Bong." Naquele instante, entendi que há feridas que não cicatrizam.

Sigmund Freud (1856-1939) escreveu sobre a morte em diversos ensaios, buscando compreender o estrago que ela provoca. Em um texto de 1915, chamado "Considerações sobre a guerra e a morte", ele afirma:

> Essa postura cultural-convencional diante da morte é complementada pelo total colapso que sofremos quando morre alguém que nos é próximo, um genitor ou cônjuge, um irmão, filho ou amigo precioso. Enterramos com ele todas as nossas esperanças, ambições, alegrias, ficamos inconsoláveis e nos recusamos a substituir aquele que perdemos.[4]

Essa recusa é familiar. Eu sabia que o Bing não viveria para sempre, mas saber, geralmente, não serve

---

4. Sigmund Freud, "Considerações sobre a guerra e a morte". In: Freud, S. *Obras completas*. São Paulo: Companhia das Letras, 2010, v. 12, p. 231-232.

para muita coisa. A verdade é que a morte dele me forçou a aceitar a fragilidade dos pequenos acordos que criei comigo mesmo para suportar a vida. Me vi diante do fim de uma ilusão que, embora infantil, me ajudava a continuar: a de que alguns amores seriam eternos.

O luto, porém, não respeita esses arranjos que fazemos para (tentar) manter o controle da vida. Ele se inscreve numa dimensão atemporal. Nós costumamos repetir que o luto tem estágios,[5] no entanto, na prática, ele tem ondas — que vêm quando querem, com força desigual, derrubando todas as nossas defesas.

Não sei se escrever este livro me ajudará a atravessar tudo isso. Mas sei que algo se deslocou no instante em que encarei a folha em branco. Ou melhor: no momento exato em que percebi que o silêncio dentro do apartamento era outro. Mais árido. Mais pontiagudo. Talvez escrever seja a solução que encontrei de continuar conversando com ele — ou de escutar em mim o que sobrou depois que ele partiu.

Foi vivenciando essa turbulência que pude sentir, na carne, a hipótese que defendo aqui: a tristeza,

---

5. As fases do luto foram descritas pela psiquiatra suíça Elisabeth Kübler-Ross em seu livro *Sobre a morte e o morrer* (originalmente publicado em 1969), e incluem: negação, raiva, barganha, depressão e aceitação. Embora essas etapas não ocorram de forma linear ou universal, elas ajudam a compreender os movimentos psíquicos que envolvem a perda e a elaboração do sofrimento.

quando não é calada, oferece direção. Ela funciona como um mapa, sem escala nem legenda. Ainda assim, um mapa. Cheio de desvios e paradas obrigatórias, traçando um percurso que demanda menos pressa e mais escuta.

Volto, então, à Clarice:

> Eu disse uma vez que escrever é uma maldição. [...] Hoje repito: é uma maldição, mas uma maldição que salva. [...] É uma maldição porque obriga e arrasta como um vício penoso do qual é impossível se livrar, pois nada o substitui. E é uma salvação.[6]

Não escrevo porque sou corajoso. Nem porque tenho algo importante a dizer. Escrevo porque não sei. Porque só descubro sentindo — e só consigo sentir de verdade quando começo a colocar as palavras no papel. Às vezes, tropeço nelas. Outras vezes, elas tropeçam em mim.

Nessas idas e vindas, me reconheço no texto de Annie Ernaux:

> Continuar a dizer "eu" era necessário para mim. [...] Para mim não se trata de contar a história da minha vida, nem de me livrar dos segredos dela, e sim

6. Clarice Lispector, *Todas as crônicas*. Rio de Janeiro: Rocco, 2018, p. 143.

> de decifrar uma situação vivida, um acontecimento, uma relação amorosa, e desvelar assim algo que apenas a escrita pode fazer existir e acontecer, talvez, em outras consciências, em outras memórias.[7]

Escrever em primeira pessoa não é (só) falar de mim — é falar sobre o que pulsa *através* de mim. É o método que encontrei para escavar o que sinto antes que se dissolva. Para atribuir contornos ao que escapa. Para preservar o que ainda vibra quando a lembrança retorna. No meu ponto de vista, a escrita representa, portanto, um abrigo provisório, onde posso habitar a dor sem ser engolido por ela. E, quem sabe, permitir que outras pessoas se sentem comigo nesse abrigo por alguns instantes, reconhecendo ali algo delas também. Apesar da rejeição que a tristeza provoca, ela ainda é uma das poucas formas de contato real com o que somos.

A propósito, foi Vinicius de Moraes quem disse: "Mas pra fazer um samba com beleza / É preciso um bocado de tristeza / É preciso um bocado de tristeza / Senão, não se faz um samba não."[8]

---

7. Annie Ernaux, *A escrita como faca e outros textos*. São Paulo: Fósforo, 2023. E-book.

8. Vinicius de Moraes, "Samba da bênção". Grav. Vinicius de Moraes & Baden Powell. In: *Os afro-sambas*. [S.I.]: Forma, 1967. Faixa 7.

2

A tristeza e a angústia da finitude

> *E a escuridão se torna tão maior. Estou caindo numa tristeza sem dor. Não é mau. Faz parte. Amanhã provavelmente terei alguma alegria, também sem grandes êxtases, só alegria, e isto também não é mau. É, mas não estou gostando muito deste pacto com a mediocridade de viver.*[1]

Quando eu nasci, assim que a minha mãe teve alta da maternidade e chegamos em casa, a minha avó paterna foi a primeira pessoa que me deu banho. Essa cena virou foto, e a foto ganhou moldura. Está até hoje na entrada da casa dos meus pais. Esse feito era um orgulho

1. Clarice Lispector, *A descoberta do mundo*. Rio de Janeiro: Rocco, 2020. E-book.

para minha avó, que em todos os encontros de família, fazia questão de mencionar o ocorrido.

O nome dela era Elizabeth. Um nome que carrega uma pompa solene, um certo ar de realeza. E, para mim, ela era mesmo uma rainha — mas não do tipo coroada em cerimônias. Era rainha de outras grandezas: do café coado com perfeição, do crochê que repousava sobre a almofada do sofá, do quintal com cheiro de amaciante das roupas secando ao sol, do sertanejo raiz que tocava na TV Cultura aos domingos...

Elizabeth morava nos fundos da nossa casa, numa edícula pequena que, apesar do tamanho, acomodou a maior parte da minha infância. Era para lá que eu corria quando minha mãe ameaçava me acertar com um chinelo. Nas manhãs frias, ela acordava antes de mim — ligava o ferro e alisava com capricho a minha camiseta do uniforme, dizendo que menino bem-criado não podia sair amarrotado. À tarde, depois da escola, me jogava no sofá ao lado dela. Assistíamos às novelas juntos, por horas a fio, até a minha mãe me chamar na porta, avisando que eu precisava ir dormir.

Ela dizia para todo mundo: "Meu neto é um príncipe." Talvez fosse uma parcela do seu narcisismo projetado em mim — talvez fosse só amor mesmo. Nunca saberei ao certo. O que sei é que minha avó precisou renunciar a muita coisa na vida. Criou os filhos sozinha depois que meu avô morreu de forma brutal, com a explosão de um tubo de oxigênio na oficina em que eles trabalhavam, no sítio onde viviam. Meu pai tinha 16 anos (!). Estava lá. Sobreviveu por milagre, depois de três meses internado, entre a vida e a morte. O mundo desmoronou, e ela se refez — ou melhor: refez o seu próprio mundo.

Minha avó me contava várias histórias da nossa família. Dos meus bisavós que deixaram a Europa fugindo do nazismo, embarcados num navio rumo ao Brasil, sem saber o que encontrariam do outro lado. Falava com orgulho, mas sem exageros. Tinha um jeito único de manter a memória viva, pois compreendia que lembrar é, também, resistir.

Além disso, ela era uma excelente costureira. Sabia tirar medidas no olho. Tinha um senso estético afiado, que não se aprende em curso algum — se traz no sangue. E eu gosto de pensar que herdei isso. Sua clientela surgiu no "boca a boca" e, não raro, havia fila de espera. Era comum alguém aparecer lá em casa com uma revista, apontar para um vestido da capa e dizer: "Será que dá para fazer algo assim?" Ela só olhava, passava os dedos sobre a imagem e respondia: "Dá, sim."

Eu me lembro do som da tesoura abrindo caminho sobre o tecido, do barulho da máquina de costura, da fita métrica amarela pendurada no seu pescoço. Ela trabalhava sem reclamar, só com uma xícara de café ao lado e o rádio tocando modas antigas em volume baixo. Às vezes, ela me pedia opinião sobre uma combinação de cores e fingia que levava a sério quando eu sugeria algo absurdo. Acho que, no fundo, gostava de me incluir no processo.

Hoje, quando escolho uma camisa ou reparo no caimento de uma calça, percebo que ela ainda está comigo. Com a minha avó, aprendi que estética é linguagem.

Quando ela adoeceu, eu estava longe, envolvido na reforma de uma casa que havia acabado de comprar no interior do sul do país. Era a realização de um sonho antigo: ter um lugar para passar as férias em família. Nesse período, a minha mãe me ligava com uma frequência discreta. Não queria me preocupar. Falava com aquela delicadeza que só as mães dominam. Ou seja: ela sabia que eu precisava ser informado, mas também sabia que eu precisava respirar. Ela insistia, delicadamente, que talvez fosse melhor eu voltar. Usava o "talvez" buscando preparar o terreno. Porém minha teimosia (ou resistência) achava tudo aquilo um exagero. Defesa? Fuga? Ainda não sei ao certo.

Hoje reconheço a força indescritível que a minha mãe precisou ter para sustentar aquilo sozinha — tentando me poupar, enquanto tudo dentro dela gritava por ajuda.

Nesse intervalo, o meu pai estava ausente, porque precisava continuar viajando com seu caminhão para pagar as contas.

Preferi me manter absurdamente ocupado. Me afundei em cronogramas, projetos, prazos e, sobretudo, nos detalhes da obra, ancorado na ilusão de que escolher o tipo de piso ou a cor da parede pudesse me proteger do que eu não queria sentir. Fingia que tudo estava sob controle, quando, na verdade, eu só tentava adiar o inevitável.

Até que um dia, o meu companheiro me sacudiu e disse, com firmeza: "A gente precisa voltar para São Paulo agora."

Durante as 13 horas de estrada, chorei copiosamente, ouvindo no *repeat* o álbum *Folklore* da Taylor Swift. Já era o luto se aproximando devagar, tentando me preparar sem que eu pudesse notar.

Nunca contei à minha avó a respeito da minha homossexualidade. Mas assim que entrei no quarto do hospital, ela me olhou nos olhos e perguntou: "Onde está o meu outro neto?" Eu não disse nada. Apenas segurei a sua mão. A gente se entendia nas entrelinhas — e, naquela ocasião, tive certeza de que o nosso amor vinha de outras vidas.

Na véspera da sua morte, tive o privilégio de me deitar ao lado dela no hospital — como fazíamos quando eu era criança. Em um determinado momento, ela me pediu para sentá-la. Peguei a minha avó no colo, frágil como um bebê, e a acomodei na cadeira do quarto.

Chorei. Me desfiz. Ela, por sua vez, se manteve firme, com o olhar fixo na vidraça, ciente do que estava por vir. Então, perguntei: "Vó, a senhora está com medo?" Ela me respondeu: "Medo? Não, meu filho. O que tiver de ser, será. Eu só não quero que você sofra. Esse é o meu maior medo."

Na manhã seguinte, dia do meu aniversário, eu havia acabado de finalizar um atendimento quando vi, parados na porta do meu consultório, o meu companheiro, a minha mãe e a minha melhor amiga. Eles não precisaram dizer nada. Bastou aquele silêncio desconfortável para que o meu corpo entendesse. Abracei a minha mãe e comecei a gritar. Era um grito seco, de quem se recusa a aceitar. Um grito que atravessou o corredor do meu apartamento, chamando a minha avó de volta, mesmo sabendo que era tarde demais.

Inconformado com a crueldade do destino, eu só conseguia repetir mentalmente: "Logo hoje?" Parecia que o calendário tinha se aliado à ausência, e que a data do meu nascimento havia sido sequestrada por uma dor indizível.

Todavia, não posso ser ingrato. A minha avó morreu em paz, sem sofrimento, segurando a mão do meu pai. E isso, no meio de tanta injustiça, é um consolo que apazigua a alma.

Quando cheguei ao hospital para resolver a burocracia do enterro, encontrei meu pai no pátio. Desorientado. Parecia um menino abandonado — aquela imagem me doeu mais do que qualquer notícia.

Enquanto brotavam no meu celular as mensagens de parabéns enviadas por obrigação digital, eu apagava velas no cemitério. Recebia, no mesmo instante, emojis de confete e recados de condolência. Uma cena surreal: vida e morte servidas no mesmo prato.

Desde então, prefiro esconder a data do meu nascimento. Não por amargura. Mas por decência afetiva. Há dores que não se compartilham com quem só nos deseja felicidades automáticas. A morte dela ter acontecido no dia do meu aniversário parecia um recado da vida escrito em caixa-alta: ESTAR VIVO INCLUI PERDER. E, em alguns casos, a perda acontece no mesmo instante em que se sopra uma vela.

Antes de propor uma breve discussão teórica, peço licença para compartilhar mais uma vivência que, para mim, vale tanto quanto qualquer conceito. Com a minha avó, fiz a minha primeira análise; sem técnicas, sem jargões, sem horário fixo. Eu me sentava no degrau da sua porta e falava. Derramava dúvidas, desastres amorosos, crises vocacionais. E ela ouvia. Escutava impecavelmente, sem oferecer respostas prontas — *sustentava.* E, talvez por isso, me ajudava a pensar.

Atravessando o luto, pude descobrir que a tristeza não é sinônimo de interrupção da existência. Falar sobre a tristeza, aliás, demanda coragem. Para falar da morte e da angústia que nos habita, também.

Pois bem, Martin Heidegger (1889-1976), no seu clássico *Ser e tempo*,[2] salienta que a angústia é constitutiva da essência humana. Não se trata de um afeto passageiro, mas de uma experiência que revela uma verdade inegociável: somos finitos. E sabemos disso — mesmo quando fingimos não saber.

No entanto, somos especialistas em fugir do que assombra. Criamos atalhos emocionais, repetimos frases prontas, terceirizamos a dor. Transformamos a morte em número, manchete, estatística — tudo menos um fato real. De maneira gradual, ela se tornou um ruído distante; uma tragédia que, na nossa fantasia, só ocorre com os outros. Dizemos "todo mundo morre" com a mesma entonação de quem diz "menos eu". Até que acontece com alguém próximo; e aí o susto nos pega desprevenidos, de calça curta.

Heidegger chamou essa forma de existir de "cotidianidade inautêntica". E, veja bem, ele não considera isso uma falha moral. Viver à beira do abismo é inviável. A questão começa a se complicar, entretanto,

2. Martin Heidegger, *Ser e tempo*. Rio de Janeiro: Vozes, 2015.

quando a gente se acomoda demais nesse modo superficial de estar no mundo — e passa a acreditar que ele é o único possível.

A forma como evitamos falar sobre a morte revela muito mais sobre a nossa época do que sobre a própria finitude. Já houve um tempo em que a despedida fazia parte da vida. Velórios aconteciam em casa, o luto se vestia de preto, a tristeza pedia pausas. Havia respeito pelo silêncio. Escreviam-se poemas, cartas, até canções à beira do fim. Hoje, o que se vê é um certo pudor diante do sofrimento.

Nessa obsessão pelo controle, o fim virou um incômodo a ser abafado. Vivemos como se a imprevisibilidade pudesse ser evitada. Planeja-se tudo: nascimento, carreira, aposentadoria. Criam-se um cronograma para a felicidade e uma meta até para o luto — de preferência breve e sem exposição.

Enquanto escrevo, me vem à mente um dos livros mais lindos que já li: *Vamos comprar um poeta*, do autor português Afonso Cruz. A narrativa se desenvolve num universo onde tudo é convertido em números. Ali, até o afeto precisa caber numa célula de planilha. Nada escapa ao cálculo. Nesse cotidiano domesticado, a arte é dispensável e o sentir, uma ameaça. Os moradores seguem seus dias apenas cumprindo metas. Funcionam, mas não vibram.

É nesse cenário que uma menina decide levar um poeta para a sua casa, comprando-o, como se fosse um item decorativo, apenas mais um objeto a ser catalogado. Só que, como era de se esperar, ele não se encaixa nesse padrão vigente.

Com efeito, a presença desse corpo estranho — sensível, intuitivo, fora de prumo — começa a bagunçar a rotina daquela família. O poeta não entrega resultados. Não rende lucro. Mas repara nas pequenas coisas, se comove com o céu, escreve o que sente e se permite ser interrompido pela estética da fascinação.

Aos poucos, a menina também se transforma. Existe alguma virtude do poeta que a toca, como se ela, sem perceber, estivesse reaprendendo a ver. E então, num lampejo de delicadeza, ela diz: "Sem metáforas, por exemplo, não é muito interessante falar. Eu posso dizer que uma janela é uma janela, mas isso já toda a gente sabe. Com a poesia posso dizer que uma janela é um bocado de mar ou uma cotovia a voar."[3]

Ora, sempre acreditei que esse poeta — meio deslocado, meio alheio às engrenagens sociais — representa algo que a racionalidade não alcança. Ele apresenta um comportamento que incomoda os pragmáticos:

3. Afonso Cruz, *Vamos comprar um poeta*. Porto Alegre: Dublinense, 2020, p. 68.

o lembrete insistente de que há valor naquilo que não serve para nada — ou melhor, naquilo que não precisa servir para ser vivido.

Falo disso porque foi justamente essa percepção do simples que começou a me sustentar depois que a minha avó partiu. Mas não de imediato. Antes, eu adoeci.

Senti um cansaço que não passava com o sono. Acordava como se não tivesse dormido. Tive (algumas) crises de pânico. Fiquei dias sem querer sair da cama. Precisei de remédio para manter o corpo funcionando e intensifiquei as minhas sessões de análise pessoal, tentando entender o que exatamente tinha sido rompido. Essa falta de precisão era o que mais me angustiava.

Heidegger observa que é na angústia que o ser humano tem a chance de se encontrar consigo mesmo. Diante de um futuro sem garantias, somos convocados a escolher um caminho — ainda que o destino permaneça incerto. Em outras palavras, aceitar a morte não nos paralisa; ao contrário, nos liberta. Quando deixamos de tratá-la como tabu — ou como uma exceção fora da ordem natural — e a reconhecemos como parte do que somos, passamos a viver com outra qualidade de presença, que é mais completa.

Não sei bem quando aconteceu, porém lentamente comecei a reencontrar um certo gosto pelas miudezas da vida: a chuva batendo no telhado no fim da tarde, o cheiro de pão tostando na frigideira, o sol entrando pelo vão das cortinas do meu escritório, uma soneca depois de um dia cheio de atendimentos, o prazer de estar em casa ao lado dos meus livros. Nenhuma dessas coisas resolveu o meu luto, mas elas passaram a amenizá-lo, a possibilitar momentos de respiro.

Ao revisitar tais vivências, lembrei-me do filme japonês *Dias perfeitos* (2023), de Wim Wenders. O longa acompanha Hirayama, um zelador de banheiros públicos em Tóquio, cuja rotina é tecida por rituais mínimos: cuidar das plantas, escutar fitas cassete, tirar fotos da luz nas árvores ao meio-dia, fazer uma breve leitura antes de dormir. Ele não corre, tampouco consome de maneira desenfreada. Apenas vive e contempla.

Hirayama me ensinou que há uma beleza que só se revela a quem sobrevive, a quem não foge do vazio. A quem aguenta o silêncio do luto, mesmo quando ele sufoca. A quem já chorou o suficiente para ver o mundo com olhos mais amenos.

Se eu pudesse resumir o que restou da perda imensurável, apostaria nisso: um sentimento de compaixão. Por mim. Pelos outros.

Uma disposição mais serena para permitir que a vida volte a me encantar.

3

Tristeza saudável *versus* tristeza patológica

Agora, se você está triste e vai ao psiquiatra, não é certo que a primeira suspeita seja de depressão. Tristeza não é só um sintoma, também é um sentimento comum da vida, uma reação esperada face a certas experiências.[1]

A tristeza nem sempre foi tratada como patologia. Durante muitos séculos ela foi compreendida como parte inevitável da vida.

Em vista disso, podemos nos questionar: como diferenciar uma tristeza "natural" de um quadro clínico? Onde termina o sofrimento esperado e onde começa o

1. Juliana Belo Diniz, *O que os psiquiatras não te contam*. São Paulo: Fósforo, 2025. E-book.

que deve ser tratado? E para que serve a tristeza — se é que ela serve para alguma coisa?

Não estamos lidando com perguntas fáceis. Vivemos numa cultura que insiste em simplificar a experiência subjetiva, como se todo sofrimento emocional pudesse ser reduzido a uma causa biológica ou a uma suposta alteração nos níveis de serotonina, como se costuma dizer por aí. Tal lógica é produto de uma mentalidade que aposta suas fichas em um cientificismo positivista, herdeiro de uma tradição que só reconhece como legítimo aquilo que pode ser medido, quantificado e testado em larga escala. Com efeito, elementos que escapam desse modelo — como a singularidade da experiência e os determinantes sociais — são vistos como imprecisos demais para serem incluídos na equação.

E, cá entre nós, não é preciso muito esforço para entender as bases desse fetiche. Reduzir o sofrimento a um desequilíbrio químico tem suas vantagens. Posso citar pelo menos duas: elimina o desconforto de ter de escutar histórias complexas e oferece soluções rápidas que combinam perfeitamente com os imperativos da performance e da produtividade. Afinal, quem tem tempo para chorar?

No entanto, se você chegou até aqui, talvez também desconfie de certas promessas. Ora, nem tudo está perdido.

Em busca de respostas para as perguntas iniciais, encontrei pesquisas que indicam três características fundamentais da tristeza considerada saudável. A primeira é sua ligação com o contexto específico da perda. A segunda diz respeito à intensidade: ela guarda alguma proporção com o valor daquilo que foi perdido. E a terceira envolve a duração: embora possa variar, espera-se que, com o tempo, ela se transforme.[2]

Comecemos pela primeira característica: o contexto. A tristeza saudável tende a surgir em situações que têm valor afetivo para quem as vivencia. Isso inclui o rompimento de vínculos íntimos, como relações conjugais, amizades ou familiares; a perda de posições que ofereciam prestígio, segurança financeira, status ou poder; e também perdas mais subjetivas, como a quebra de certos ideais ou expectativas.

O segundo aspecto está relacionado à proporção entre o que se perdeu e a intensidade da reação emocional. Em termos simples, quando a dor sentida está em sintonia com a gravidade daquilo que foi rompido, estamos, em princípio, diante de uma tristeza saudável. Essa proporcionalidade envolve dois eixos: o cognitivo

---

2. Tais características foram enunciadas por Jerome C. Wakefield & Allan V. Horwitz no livro *The Loss of Sadness: How Psychiatry Transformed Normal Sorrow into Depressive Disorder*. Nova York: Oxford Press, 2007.

e o afetivo. No plano cognitivo, é necessário que a percepção da perda esteja minimamente ancorada na realidade. Se alguém descobre que foi traído por uma pessoa amada, é esperado que sinta dor, confusão e até mesmo desespero. Já quando a tristeza se apoia em suspeitas infundadas, construídas sobre distorções ou fantasias persecutórias, entramos no terreno da patologia. Por isso, a avaliação do que se perdeu precisa ser feita levando em conta a história de vida, os valores e o repertório simbólico *de quem sofre*. No âmbito afetivo, é importante que a intensidade da resposta guarde alguma correspondência com o peso da situação. Pequenas frustrações — como um plano que falhou ou uma crítica mal digerida — costumam provocar reações passageiras: desânimo, irritação ou breve abatimento. Já perdas mais significativas — como o fim de uma relação afetiva ou a interrupção de um projeto de vida — mobilizam afetos mais densos: melancolia, resignação ou desesperança.

A terceira e última característica se refere à duração da tristeza. Algumas perdas provocam um sofrimento intenso no início, mas tendem a se amenizar com o tempo. Uma mudança de cidade, por exemplo, pode ser acompanhada de angústia e solidão nas primeiras semanas, até que uma nova rotina se estabeleça. Do mesmo modo, a aposentadoria pode gerar um sentimento de vazio que, progressivamente, vai perdendo força. Isso não significa, em absoluto, que toda tristeza saudável seja breve. Em cenários adversos — como em relações abusivas, trabalhos precários, pobreza extrema, doenças graves etc. —, o sofrimento tende a se prolongar. E isso é perfeitamente compreensível, diga-se de passagem.

Por fim, entram em jogo outras variáveis importantes: o temperamento, a história de vida, fatores biológicos e aspectos constitutivos do psiquismo. É um equívoco imaginar que a duração da tristeza, por si só, possa determinar se ela é saudável ou patológica.

É nesse ponto, aliás, que a distinção feita por Freud em seu belíssimo ensaio "Luto e melancolia" (1917)[3] continua sendo assustadoramente atual. O luto, segundo ele, é uma resposta à perda, que, embora dolorosa, conserva uma ligação com a realidade, e pode ser elaborada de modo gradual e lento. A melancolia, em compensação, tem uma origem mais enigmática: a dor não se refere a um objeto claramente perdido; persegue o próprio sujeito, assombrando-o.

Compreendo que tais conceitos soam complexos e até intimidadores. Afinal, estamos lidando com a

---

3. Sigmund Freud, "Luto e melancolia". In: Freud, S. *Obras completas*. São Paulo: Companhia das Letras, 2010, v. 12.

chamada "metapsicologia freudiana".[4] Mas, calma: tentarei traduzir o que Freud quis dizer nesse ensaio, evitando o uso de jargões técnicos.

Pois bem, no luto, há um trabalho psíquico em curso — um processo em que o indivíduo, pouco a pouco, se desfaz dos investimentos libidinais colocados sobre o objeto perdido. Trata-se da capacidade de se desvincular internamente daquilo que já não está presente no mundo externo. Esse trabalho exige paciência até que a elaboração possa advir. Como Freud salienta, há um valor na dor: ela funciona como uma manobra do psiquismo para se reorganizar diante da perda. Por isso, é absolutamente natural que, durante o período do luto, fiquemos mais introspectivos.

Em contrapartida, na melancolia o sujeito não sabe exatamente o que perdeu — ou, se sabe, não consegue nomear. Isso se deve ao fato de que, segundo as teses freudianas, há uma identificação com aquilo que foi perdido; ou seja, em vez de dirigir a dor e a raiva para fora, o melancólico volta esses afetos contra si, formando uma instância crítica interna, constituída por

4. O termo "metapsicologia" foi usado por Freud para designar um nível de explicação que vai além da psicologia descritiva, buscando descrever os processos psíquicos em sua profundidade estrutural, econômica e dinâmica. Freud reconhecia que essa tentativa de "ir além" podia soar um tanto misteriosa, razão pela qual se referia à metapsicologia, com certa ironia, como sua "feiticeira".

autodepreciação e culpa. É o que Freud expressa poeticamente ao escrever que, na melancolia, "a sombra do objeto recai sobre o Eu". Estamos diante de um sofrimento mais complicado: o indivíduo se acusa, se esvazia, e passa a se tratar como alguém indigno de amor, em um círculo vicioso e de difícil resolução.[5]

Com o objetivo de elucidar, na prática, a diferença entre o luto e a melancolia, recorro aqui a um filme que me marcou de forma especial: *Toy Story 3* (2010). Para ser mais preciso, penso na cena em que Andy, aos seus 17 anos, se despede dos brinquedos que o acompanharam por toda a infância. Ele hesita. Pega um a um. Olha com ternura e gratidão para Woody, o boneco caubói. Senta-se no chão e, antes de entregá-los a Bonnie, brinca com eles mais uma vez — talvez a última.

Esse recorte, diferentemente do que se observa na melancolia, dramatiza um processo psíquico possível: reconhecer o que foi perdido e aceitar que um ciclo

5. Muitos profissionais de saúde mental relatam inúmeras dificuldades ao atender pacientes melancólicos. Trata-se, pois, de um sofrimento que tende a se retroalimentar: o sujeito se identifica com o objeto perdido, volta contra si a agressividade que não pode dirigir ao outro, e se acusa por isso. A tentativa de intervenção psicoterapêutica, muitas vezes, é vivida como intrusiva ou impotente diante de um funcionamento que recusa qualquer possibilidade de reparação. Falo sobre isso com mais detalhes em: A. P. Almeida & A. Naffah Neto (orgs.). *Perto das trevas: a depressão em seis perspectivas psicanalíticas*. São Paulo: Blucher, 2022.

chegou ao fim. Andy tem consciência do que está deixando para trás — e é justamente essa percepção que lhe permite continuar. A tristeza está presente, mas não o paralisa. Ela é suportável. Saliento: Andy não abandona os brinquedos, tampouco os apaga da própria história, ele os *doa*. Sua atitude ultrapassa um simples ato de desapego, pois representa uma transmissão simbólica, quase ritualística, evidenciando o valor afetivo daquilo que se foi. Woody, com o nome de Andy ainda gravado na sola da bota, permanece como emblema de uma memória que se reinventa.

As narrativas que escutamos na clínica não raramente se assemelham ao enredo do filme: o indivíduo chega carregando lembranças e pedaços soltos de vivências que não se acomodam. Progressivamente, no campo transferencial, esses "restos" começam a ganhar outra disposição interna. O trabalho analítico, como na cena final de *Toy Story 3*, consiste em facilitar que o passado vire algo transmissível. Algumas dores só encontram alívio quando podem ser entregues ao cuidado de alguém.

Podemos concluir: *nem toda tristeza é sinônimo de melancolia.*

Freud sabia disso. Carla Madeira, com seu estilo literário próprio, também sabe: "A gente passa a vida pelejando com o dilema de existir ou desistir, com o que é bom e o que é ruim, o certo e o errado, a morte e a vida. Essas coisas não se separam. O lugar que dói é o mesmo que sente arrepios."[6]

Ou seja: não é possível dividir a alma em compartimentos estéreis. O sofrimento e o prazer convivem lado a lado. O lugar que dói, como diz a autora, também é o que nos arrepia. E quando tentamos expulsar a angústia desse território, acabamos comprometendo a capacidade de sentir o que é bom.

Umá grande amiga, também psicanalista e escritora, escreveu o seguinte poema após perder a mãe:

Mourning[7]

O coração estava tão pesado que explodiu
no meio do asfalto cinza
uma enorme poça de sangue
anunciava como um espelho
uma tela de cinema
com todas as dores refletidas
sob a luz do luar.
Em cada célula, uma saudade
uma conquista

6. Carla Madeira, *Tudo é rio*. Rio de Janeiro: Record, 2021. E-book.
7. Helena Cunha Di Ciero, *O que enxerguei quando seus olhos ficaram opacos*. São Paulo: Quelônio, 2024, p. 32.

uma perda
o nome de alguém
mas a lua teimosa, com seu brilho
iluminava aquele monte de líquido
que já nem parecia mais sangue
e sim algum fluido alquímico.
E o dia amanheceu outra vez
e toda a hemorragia da madrugada
evaporou

Logo no título, percebemos a brincadeira sutil construída com o significado das palavras. *Mourning* significa "luto" em inglês, mas carrega, na sonoridade, o *morning*, que anuncia a manhã. É bonito notar como o poema inteiro se apoia nesse duplo movimento: a noite que sangra e o dia que amanhece; a perda que rasga e a vida que teimosamente continua.

Talvez seja por isso que tanta gente se emocione ao final de *Toy Story 3*. Para mim, aquela despedida fictícia encena uma experiência universal: a tarefa difícil de deixar ir o que nos sustentou por tanto tempo — um vínculo, uma fase, uma parte de quem fomos — e seguir adiante, mesmo sem ter certeza do que nos espera.

4

Tristeza não é defeito de fabricação

Quando um psicanalista publica um livro dito "de psicanálise", de uma certa forma ele está "se publicando", tornando visível um fragmento de si.[1]

Na infância, diziam que eu era "diferente". E, sinceramente, eu era mesmo. A maioria das crianças achava graça em correr atrás de bola ou derrubar coisas pela casa. Eu, por outro lado, preferia me sentar no chão e passar a tarde construindo cidades com Lego. E não eram cidades quaisquer: tinham hospital, biblioteca, parquinho e, às vezes, até cemitério. Vai ver que o drama sempre fez parte de mim. Ou pode ser culpa do signo também.

1. Joyce McDougall, *Em defesa de uma certa anormalidade: teoria e clínica psicanalítica*. Porto Alegre: Artes Médicas, 1983, p. 9.

Ou quem sabe eu só estivesse ensaiando o que viria a ser a minha vida adulta.

Acontece que, como filho único, eu adorava brincar sozinho. Aliás, ainda gosto. Se me deixarem, passo horas encaixando bloquinhos. Tem gente que vai para Bali em busca de paz interior, outros fazem ioga em estúdios aromatizados com lavanda. Eu monto Lego e mergulho na imensidão dos meus livros.

Cada um encontra o que consegue para não enlouquecer completamente.

Nunca fui de aglomerações. A solidão sempre me pareceu mais confiável do que o tumulto. Bastava um tapete e algumas peças espalhadas que o resto era preenchido pela imaginação. Desde cedo, entendi que o mundo lá fora transbordava: tudo parecia alto demais, rápido demais, cheio demais. Compreendi que era mais seguro construir o meu próprio território. E fui fazendo isso, peça por peça. No meu tempo.

Mas a minha fama de "criança esquisita" não se devia somente à preferência pela solidão. Um dos episódios mais marcantes aconteceu quando assisti, pela primeira vez, ao filme *O rei leão* (1994). Eu devia ter uns 5 anos. Sim, todo mundo chorou com a morte do Mufasa. Porém eu entrei num estado de luto. De verdade! Fiquei dias com o olhar perdido, pensando na vida, na morte, na savana africana, no trauma transgeracional de uma linhagem de leões que começava com o desamparo de perder o pai.

Enquanto meus colegas seguiam cantando "Hakuna Matata" no recreio, eu estava emocionalmente exilado em algum canto do reino animal.

Naquela época, eu não sabia o que era angústia. Apenas sabia que alguma coisa em mim doía. E o mais curioso é que ninguém achava que aquilo fazia sentido. Era só um desenho! Uma animação da Disney!

O que eu tinha para estar triste daquele jeito?

A resposta a essa pergunta começou a se desenhar muitos anos depois, quando entrei em contato com as ideias de Melanie Klein (1882-1960). Klein defendeu, de maneira corajosa, a hipótese de que o sofrimento psíquico tem início muito antes do que costumamos imaginar. Ele acontece bem cedo, desde os primeiros dias de vida.

Para Klein, o instinto de morte (ou pulsão de morte, a depender da tradução)[2] é uma força quase "concreta",

2. A noção de instinto ou pulsão de morte (*Todestrieb*) foi introduzida por Freud em *Além do princípio do prazer* (1920) para dar conta de fenômenos psíquicos que não se explicavam somente pela busca de prazer e, por conseguinte, da conservação da vida. Trata-se de uma força que atua silenciosamente, promovendo a repetição compulsiva, a inércia psíquica e a tendência à autodestruição. Para Freud, essa pulsão caminha lado a lado com Eros (a pulsão de vida), com quem forma uma dualidade fundamental. Melanie Klein, por sua vez, retoma essa

que pressiona o ego desde o nascimento. Confesso que, nesse tópico, tendo a concordar com Klein. Afinal, se nascer fosse assim tão tranquilo, a gente não chegava ao mundo berrando.

Segundo a autora, diante do desamparo extremo e do desejo inconsciente de regressar ao aconchego do útero, o ego — ainda em formação — não dá conta de elaborar a força destrutiva que o atravessa. Para evitar o colapso, recorre a defesas primitivas, sendo a cisão a principal delas. O ego se divide, tentando expulsar aquilo que é vivido como intolerável. A partir daí a vida psíquica se organiza por meio de um vaivém entre projeção e introjeção — um movimento contínuo entre o que é lançado no mundo externo e o que retorna ao mundo interno, moldando as primeiras experiências emocionais.

A mãe, por exemplo, pode ser sentida de dois modos radicalmente opostos. Quando o bebê está em relativa calma e suas angústias diminuem, ela é percebida como fonte de prazer e acolhimento — o "seio bom". Em contrapartida, quando as projeções destrutivas são muito intensas, mesmo que a mãe esteja presente

---

concepção e a radicaliza. Para ela, o instinto de morte tem um significado puramente destrutivo, sendo responsável pelas angústias mais primitivas vividas pelo bebê, como o medo de aniquilação, de desintegração psíquica e de invasão por objetos internos persecutórios.

e dedicada, ela passa a ser percebida como perigosa e frustradora — o "seio mau".

Convém destacar que, para Klein, embora o cuidado materno influencie o desenvolvimento, é a força dos instintos inatos — de vida e de morte — que exerce um papel central na constituição do psiquismo.

Além disso, Klein desmonta a ilusão de que é possível levar uma vida isenta de sofrimento — pois estados contínuos de prazer absoluto pertencem mais ao delírio de onipotência do que à realidade propriamente dita. A psique, assim como o mar, alterna entre calmarias e tormentas.

Inicialmente, a autora nomeou esse funcionamento primitivo da mente de posição paranoide. Mais tarde, reformulou o conceito, passando a chamá-lo de posição esquizoparanoide.[3] Nesse estado, o bebê se relaciona com objetos parciais, os sentimentos ambivalentes são intoleráveis e a angústia persecutória é constante. O mundo externo é percebido como povoado por presenças ameaçadoras — prontas para invadir, cortar, destruir. Essas imagens aterrorizantes nascem da própria destrutividade, projetada para fora e, depois, introjetada de volta.

---

3. Melanie Klein, "Notas sobre alguns mecanismos esquizoides". In: Klein, M. *Inveja e gratidão e outros ensaios*. São Paulo: Ubu, 2023. (Trabalho original publicado em 1946.)

Quando tudo corre bem, por volta do quarto mês de vida esse cenário começa a se modificar. O bebê sorri com mais frequência, reage aos estímulos do ambiente, acompanha os rostos dos cuidadores com o olhar e experimenta os primeiros sons que mais adiante se tornarão palavras. Progressivamente, a relação com a mãe — antes marcada por vivências persecutórias — ganha um tom mais afetivo, mais confiável. O ego, ainda em construção, passa a sustentar melhor as experiências de prazer, sem desintegrar-se diante delas. Isso permite que vivências boas sejam introjetadas, contribuindo para uma reorganização interna mais estável. Eis o início de uma mudança psíquica fundamental: a transição da posição esquizoparanoide para a "posição depressiva".[4]

Tal período inaugura um novo tipo de angústia, mais complexa e mais humanizada. Explico: se antes o maior temor era ser atacado ou aniquilado por uma

4. Klein apresenta a noção de posição depressiva em dois textos publicados no livro *Amor, culpa e reparação e outros ensaios* (Ubu, 2023). São eles: "Uma contribuição à psicogênese dos estados maníaco-depressivos" (1935) e "O luto e sua relação com os estados maníaco-depressivos" (1940). Para mais detalhes sobre esse assunto, recomendo a leitura do meu artigo: "A depressão para Melanie Klein: um estudo teórico-clínico". *Revista da Faculdade Paulo Picanço*, v. 4, n. 1, 2024. Disponível em: https://doi.org/10.59483/rfpp.v4n1.105. Acesso em: 12 ago. 2025.

realidade vivida como hostil, agora surge o medo oposto — o de ter causado dano, em fantasia, ao objeto amado. O bebê começa a perceber que a mesma mãe que frustra é também aquela que acolhe. E isso o confronta com uma ambivalência difícil de suportar: como amar alguém que deseja, em certos momentos, destruir? O mundo, então, deixa de ser dividido entre heróis e vilões. No lugar dos extremos, surge o meio-termo.

Todavia, uma coisa é alcançar a posição depressiva, outra, bem diferente, é ser capaz de *atravessá-la*. Dito de outro modo: não basta vislumbrar a ambivalência — é preciso suportá-la. E isso implica lutos psíquicos profundos, nem sempre lineares. O primeiro deles diz respeito à queda do objeto idealizado. O bebê precisa reconhecer que aquele que cuida também falha, frustra e se ausenta — sem, no entanto, deixar de ser amado. Esse reconhecimento implica abrir mão da figura mágica de um objeto perfeito, sempre disponível e inteiramente bom. Junto a esse luto, surge outro: o da onipotência primária. Não se trata mais de acreditar que o próprio desejo pode organizar o mundo, mas de admitir a existência do outro em sua alteridade e aceitar os limites que isso impõe.

A posição depressiva exige uma reorganização do mundo interno que demanda tempo e simbolização. Ela não é um ponto de chegada, mas um estado que precisa ser continuamente revisitado. Há momentos da vida em que, diante de perdas reais ou feridas narcísicas, voltamos a experimentar a ameaça de perder os objetos bons internos. E é nesse fluxo contínuo de saber ir e vir que a posição depressiva se consolida como uma base ética da experiência emocional. Nela, deixamos de nos preocupar apenas com o que sentimos e passamos a nos responsabilizar pelo que podemos causar no outro. É isso o que torna possível a reparação (e, por conseguinte, a gratidão), que, por sua vez, não é fruto de uma culpa tirânica (um superego cruel),[5] e sim de uma preocupação legítima com os efeitos das nossas atitudes sobre os objetos amados.

Em um ensaio teórico de 1950 que evidencia a maturidade de suas ideias, Klein afirma:

---

5. A noção de superego arcaico, em Melanie Klein, refere-se à formação precoce de uma instância punitiva no psiquismo infantil, que se estrutura antes mesmo da consolidação do superego descrito por Freud. Influenciada pela intensidade dos instintos destrutivos, tal configuração primitiva do superego é marcada pela crueldade, pela severidade persecutória e pela ausência de mediação simbólica. Trata-se de uma força aterrorizante que vigia o ego de modo implacável, contribuindo para estados de culpa persecutória e ansiedade desorganizadora, sobretudo nas fases iniciais do desenvolvimento (na posição esquizoparanoide). Escrevo sobre isso detalhadamente em: A. P. Almeida, "O superego arcaico, as redes sociais e sua relação com o burnout na era do cansaço: revisitando Melanie Klein". *Jornal de Psicanálise*, v. 55, n. 102, p. 105-123, 2022.

> Um elemento intrínseco a uma personalidade profunda e plena é a riqueza da vida de fantasia e a capacidade para vivenciar emoções livremente. Penso que essas características pressupõem a elaboração da posição depressiva infantil, ou seja, que toda a gama de amor e ódio, ansiedade, pesar e culpa em relação aos objetos primários tenha sido vivenciada repetidas vezes. [...] O fracasso na elaboração da posição depressiva está indissoluvelmente ligado a [...] uma *asfixia das emoções* e da vida [...].[6]

Particularmente, considero essa citação arrebatadora. Em termos simples, a autora nos mostra que uma vida emocional verdadeiramente viva não nasce da estabilidade, da neutralidade afetiva ou da ausência de conflitos. Pelo contrário: é suportando a ambivalência que as relações humanas podem surgir. Quando essa travessia falha — isto é, quando não conseguimos elaborar a posição depressiva —, corremos o risco de nos encapsular psiquicamente, permanecendo fixados nesse ponto, como afirma a própria Klein. É o que vemos em pessoas que vivem como se estivessem anestesiadas

---

6. Melanie Klein, "Sobre os critérios sobre o término de uma análise". In: Klein, M. *Inveja e gratidão e outros ensaios.* São Paulo: Ubu, 2023, p. 76 [grifos meus].

— protegidas da dor e, simultaneamente, distantes do prazer. Não por acaso, esse modo de funcionamento costuma aparecer em quadros de depressão patológica.

Na perspectiva kleiniana, a tristeza deixa de ser vista como um defeito e passa a ocupar o lugar de uma conquista.

Hoje, olhando para a criança que chorou com a história de *O rei leão*, percebo que ela não estava em crise. Estava fazendo contato com uma dimensão psíquica que muitos adultos evitam a qualquer custo: a constatação de que tudo o que é vivo também é frágil, e que amar sempre envolve algum risco.

Naquela ocasião, ninguém soube muito bem o que fazer com a minha tristeza. E, para ser sincero, nem eu soube.

Tomando certa distância, percebo agora que a posição depressiva se tornou, para mim, uma experiência encarnada. Ao enfrentar alguns lutos, deixei de esperar que meus pais fossem imortais, que o mundo fosse justo ou que a felicidade fosse constante. Aprendi a olhar para dentro, reconhecendo minha própria capacidade de ferir e de reparar. E, seguindo por esse caminho, fui surpreendido com a humildade: a aptidão de pedir desculpas, de aceitar o que não tem conserto e de me implicar como sujeito.

Acho que é isso, no fim das contas, que me permite fazer o que faço: escutar pessoas em sofrimento, escrever textos que toquem o outro, passar horas em silêncio ouvindo música e não sentir um desamparo constante.

Abri este capítulo com uma epígrafe que diz que quando um psicanalista publica um livro, ele está, de alguma forma, se publicando. Concordo. E arrisco dizer que cada uma destas páginas carrega um fragmento da minha posição depressiva elaborada — ou em processo de elaboração. Escrever, no meu caso, é manter vivo o menino que se emocionou com a morte do Mufasa e que, por sorte, não foi impedido de sentir.

5

A tristeza como linguagem do Inconsciente

> *A minha mãe respondeu que sim. Todos sentiríamos uma profunda tristeza.* [...] *teríamos de procurar a felicidade daqueles tempos mais difíceis. Se esperarmos, um dia a tristeza dá lugar à celebração.* [...] *Mas nunca esperaríamos quietos. A quietude é uma cerimônia do pensamento, mas logo é fundamental bulir. Fazer qualquer coisa.*[1]

Confesso a vocês: tem dias em que eu acordo meio esquisito. Não é o esquisito de "acho que estou ficando gripado", nem o esquisito de "devo ter comido algo estranho ontem". É um esquisito emocional, um desalinho

1. Valter Hugo Mãe, *As mais belas coisas do mundo*. Rio de Janeiro: Biblioteca Azul, 2019, p. 21.

interno. Como se nada se encaixasse direito; como se alguma parte de mim tivesse ficado para trás na noite anterior, e agora tudo funcionasse com um leve atraso.

O despertador toca e o som parece uma ofensa pessoal. O café — que normalmente funciona como um milagre líquido — demora a fazer efeito. E qualquer toque, seja físico, seja na tela do celular, parece ultrapassar um limite invisível, violando o pouco espaço que ainda me resta. Nessas manhãs, tudo me aborrece. Uma pergunta inocente soa como provocação. Um convite para conversar parece uma missão suicida.

Durante muitos anos, chamei isso de "cansaço". Atribuí o cansaço à rotina, à falta de férias, ao excesso de compromissos e à reunião que poderia ter sido um e-mail. Usei todos os nomes possíveis para justificar esse mal-estar. No entanto, como todo sintoma que se repete, ele começou a desconfiar de mim. E eu, dele.

O fato de eu ser filho único pode ter me ensinado desde cedo uma habilidade que, à primeira vista, pode parecer uma virtude: camuflar os sentimentos. Cresci com a impressão de que minha alegria era um alívio para os outros, e minha tristeza, um fardo. Se eu estivesse bem, as coisas fluíam. Mas se eu desmoronasse... o que seria do restante da casa? Sem perceber, virei o adulto que engole o choro, inventando um sorriso para não gerar preocupação.

Gradualmente, a estrutura que eu havia erguido — alicerçada em disciplina e autocontrole — começou a ruir. E, sempre que o incômodo surgia, minha reação era o recolhimento. Contudo, paradoxalmente, eu aumentava o ritmo, dobrava as tarefas e aceitava compromissos desnecessários, preenchendo cada intervalo livre com trabalho. Eu ficava áspero, com pouca paciência para o tempo do outro e menos ainda para o meu. Qualquer atraso me irritava — um e-mail sem resposta, uma fila, o trânsito — e eu descontava em quem estava por perto, como se a pressa justificasse tudo. Essa correria me mantinha longe da dor, mas me deixava duro com quem eu amo e impaciente comigo mesmo. No fim do dia, não era força, era exaustão disfarçada, e o recolhimento servia só para "reabastecer a máquina" e voltar a girar.

Aqui, cabe um adendo importante: *todos esses sintomas se agravaram após a perda da minha avó.*

É difícil traduzir esse tipo de vivência numa escrita. Às vezes, parece que eu apenas ocupo a cena, mas não estou nela de verdade. Assisto-me de fora e percebo a minha existência pela metade; como alguém disperso, fragmentado. Abro um vídeo de receita, deslizo para outro ensinando a organizar a geladeira por cores e, em seguida, me prendo a algum conteúdo de viagem. Tudo isso acontece enquanto o chuveiro despeja sua água quente sobre mim, como se pudesse, de alguma maneira, lavar o vazio que a ausência deixou.

Melanie Klein também soube, na carne, o que é perder. Em 1934, seu filho Hans morreu em um trágico acidente de alpinismo. A teoria, nesse caso, não veio antes da vida. Ela veio da vida em ruínas. Imersa em sua própria dor, Klein elaborou a noção de "defesa maníaca", um mecanismo psíquico que tenta negar a perda, afastar a culpa e adiar o luto.[2]

A defesa maníaca entra em cena quando a tristeza ameaça inundar. Explico: diante da iminência da dor, o sujeito reage com hiperatividade, controle excessivo ou um falso entusiasmo. Finge que está tudo bem. Assume mais tarefas. Responde com agitação ao que, por dentro, está desmoronando. Ora, que coincidência, não?

Donald W. Winnicott (1896-1971), pediatra e psicanalista inglês, ampliou essa ideia em 1935, ao enfatizar as mudanças que ocorrem no mundo interno. Para ele, o ponto central da defesa maníaca não se situa na negação da ausência do objeto, mas na recusa em reconhecer a morte interna (*death inside*). Logo, o indivíduo não está fugindo da realidade; está fugindo de si.

---

2. Melanie Klein, "O luto e sua relação com os estados maníaco-depressivos". In: Klein, M. *Amor, culpa e reparação e outros trabalhos*. São Paulo: Ubu, 2023, p. 435. (Trabalho original publicado em 1940.)

Para ilustrar essa hipótese, Winnicott descreve uma passagem aparentemente banal:

> O que dizer do rádio sempre ligado? Ou o fato de vivermos numa cidade como Londres, onde o barulho nunca para e as luzes nunca se apagam? Cada um desses exemplos ilustra o reasseguramento por meio da realidade *contra a morte interna, e o uso da defesa maníaca que pode ser normal.*[3]

Em síntese, ligamos o rádio, a TV, e abrimos o feed ou a agenda para sufocar a morte que se instalou dentro de nós. Um buraco que, se encarado diretamente, pode nos engolir. Sem saber, nos lançamos para o alto (na euforia) ou para o mundo (na ação compulsiva), tentando encontrar do lado de fora aquilo que não conseguimos sustentar no nosso mundo interno. Winnicott chamou isso de "movimento ascendente" e "fuga para a realidade externa" — duas faces da mesma moeda.

Entretanto, a proposta winnicottiana de que "o uso da defesa maníaca pode ser normal" mudou a forma como cuido de meus pacientes e de mim mesmo. Algumas defesas nos salvam, funcionando como um

---

3. Donald Woods Winnicott, "A defesa maníaca". In: Winnicott, D. W. *Da pediatria à psicanálise*. São Paulo: Ubu, 2021, p. 260 [grifos meus].

cobertor fino em noites geladas — não resolvem tudo, mas protegem o essencial. Permitem que a dor seja adiada até que haja condições para enfrentá-la. Porém, quando essas defesas se estendem por tempo demais, elas viram prisões. A pessoa se perde nelas. Reage em vez de sentir. E o luto, ao invés de seguir seu curso, empaca.

Meu companheiro — que, além de sensível, carrega o agravante de ser psicanalista — costuma identificar esse movimento antes de mim. "O que está doendo aí dentro?", ele pergunta com alguma insistência. E eu, quase sempre, não sei responder. Fico calado, levo dias até conseguir processar o que realmente está acontecendo.

Foi ao longo de minha análise que desvendei a origem dessa reação aparentemente sem causa. Descobri que o nome disso era tristeza. Uma tristeza contida, encabulada, que não se apresentava diretamente. Chegava vestida de mau humor, de impaciência. Como se o meu inconsciente tentasse me avisar por todos os meios — e eu insistisse em responder com justificativas racionais.

De lá para cá, tenho me esforçado para ser mais honesto com o que sinto, mesmo quando as emoções chegam distorcidas. Tento reconhecer minha própria fragilidade sem a sensação de estar traindo o papel de ser o "forte da relação".

Pois bem, antes de Klein e Winnicott, Freud nos ensinou que o inconsciente é uma linguagem — e, como toda linguagem, raramente se apresenta de maneira direta e decifrável. Na clínica (e na vida), ela se revela por desvios, lapsos, sintomas e atos falhos, mas também por dores sem explicação evidente, explosões de raiva e cansaços sem causa aparente. Segundo a teoria freudiana, esses sinais expressam afetos recalcados que, por não terem sido elaborados, retornam de forma distorcida.

No texto "A repressão" (1915),[4] Freud descreve um mecanismo psíquico pelo qual certos conteúdos são afastados da consciência. No entanto, esse afastamento não é sinônimo de desaparecimento. O conteúdo reprimido (ou "recalcado", a depender da tradução) continua atuando, buscando alternativas de retorno.

Numa das suas "Cinco lições de psicanálise", que foram ministradas nos Estados Unidos, na Universidade de Clark, em 1909, o mestre de Viena explica de maneira didática o que pretendo elucidar:

> Talvez eu possa ilustrar-lhes o processo da repressão e seu necessário vínculo com a resistência mediante uma tosca analogia, retirada justamente da nossa situação presente. Suponham que nesta

4. Sigmund Freud, "A repressão". In: Freud, S. *Obras completas*. São Paulo: Companhia das Letras, 2010, v. 12.

> sala e no meio desta plateia, cujo silêncio e atenção exemplares eu não posso louvar o bastante, houvesse um indivíduo que se comportasse de modo perturbador, que com impertinentes risadas, falas e batidas dos pés me desviasse a atenção de minha tarefa. Eu declararia não poder continuar a palestra dessa forma, e então alguns cavalheiros robustos se levantariam entre os senhores e, após uma breve peleja, poriam o mal-educado na rua. Ele estaria então "reprimido", e eu poderia dar prosseguimento à palestra. Mas, para que o distúrbio não se repetisse caso o indivíduo tentasse entrar novamente, os cavalheiros que haviam feito cumprir minha vontade moveriam suas cadeiras para junto da porta e se estabeleceriam como "resistência", após a repressão consumada. Se agora os senhores traduzirem esses dois locais em termos psíquicos, como "consciente" e "inconsciente", terão uma imagem aceitável do processo da repressão.[5]

E, mais adiante, ele continua:

> Considerem que o incidente não terminou necessariamente com a exclusão do indivíduo incômodo

5. Sigmund Freud, "Cinco lições de psicanálise". In: Freud, S. *Obras completas*. São Paulo: Companhia das Letras, 2010, v. 9, p. 243-244. (Trabalho original publicado em 1910.)

e o posicionamento dos vigias ante a porta. Pode muito bem ter ocorrido que o sujeito, irritado e ainda mais desconsiderado, prosseguisse nos dando trabalho. É certo que já não estava entre nós, que nos livramos de sua presença, de seu riso galhofeiro, de suas observações a meia-voz, mas em determinado sentido a repressão malogrou, pois ele passou a apresentar lá fora seu intolerável espetáculo, e seus gritos e golpes na porta inibiam minha palestra mais ainda que o comportamento grosseiro de antes. Em tal situação, ficaríamos contentes se, digamos, nosso estimado presidente, o dr. Stanley Hall, se dispusesse a assumir o papel de mediador e pacificador. Ele sairia para falar com o intratável sujeito e retornaria com a proposta de que o deixássemos entrar novamente, garantindo que o homem se comportaria melhor. Fiados na autoridade do dr. Hall, concordaríamos em suspender a repressão e haveria novamente paz e sossego. Essa não seria uma descrição inadequada da tarefa que toca ao médico na terapia psicanalítica das neuroses.[6]

---

6. Ibid., p. 245-246. Peço desculpas pela extensão da citação, mas ela é necessária para que possamos reconhecer um fato inegável: Freud escrevia bem. Muito bem, aliás. Aproveito o embalo para recomendar: não tenham receio de ler as suas obras. Ele sabia que falar sobre o inconsciente exigia rigor, mas conseguia fazê-lo com leveza e humildade (e até com certa ironia).

Nesses trechos, Freud apresenta a repressão como um fenômeno que pode ser imediatamente reconhecível por qualquer um que já tentou calar uma dor, ignorar um conflito ou seguir em frente sem elaborar o que ficou mal resolvido. Trata-se do desconforto persistente provocado por aquilo que, mesmo esquecido, insiste em retornar, manifestando-se nas tensões musculares, na insônia, na irritação desproporcional, e, sobretudo, nas escolhas repetitivas que nos empurram para os mesmos becos sem saída.

É nesse ponto que a psicanálise se mostra tão necessária (e urgente). Não basta "jogar fora" o que importuna. A tarefa analítica consiste em oferecer condições para que o incômodo possa ser reconhecido e elaborado. Eis a diferença entre negar a dor e acolhê-la.

Clarice Lispector, em um dos seus inúmeros rompantes de lucidez selvagem, escreveu: "É que só sei ser impossível, não sei mais nada. Que é que eu faço para conseguir ser possível?"[7] É justamente isso que a tristeza anuncia: existem partes de nós que não se encaixam nos moldes do possível. Ela aparece como um alerta — como um músculo que se contrai por não suportar mais o esforço de se conter.

---

7. Clarice Lispector, *A hora da estrela*. Rio de Janeiro: Rocco, 2020. E-book.

Hoje, quando percebo que estou mais seco, ríspido ou distante, tento frear os impulsos e observar as minhas atitudes. Nem sempre consigo, é claro. Continuo com os meus episódios de "loucura". Por sorte, algumas defesas maníacas ainda me salvam — afinal, não é todo dia que estou disponível para mergulhos profundos. Há momentos em que o psiquismo precisa mesmo de um certo improviso emocional para não desabar por completo.

Imaginemos um guarda-chuva furado que, embora precário, dê conta de nos proteger até a próxima marquise. O problema acontece, como Klein e Winnicott alertam, quando esquecemos de fechar o guarda-chuva após a tempestade ter passado. A defesa do guarda-chuva, que ontem ajudava a sobreviver, também pode impedir que a tristeza aconteça — e, com ela, a chance de alguma restauração.

Aprendi — e sigo aprendendo — a fazer aquilo que Freud propôs: *escutar* (a mim mesmo e aos outros).

Às vezes, é só uma parte minha que foi esquecida.

Que não quer causar confusão.

Quando eu abro a porta, a tristeza entra e se acomoda. Respira.

De um jeito inexplicável, eu respiro junto.

6

Fingir que está tudo bem também adoece

> [...] *eu fingi por orgulho que não doía, eu pensava que fingir força era o caminho nobre de um homem e o caminho da própria força. Eu pensava que a força é o material de que o mundo é feito, e era com o mesmo material que eu iria a ele.*[1]

Recentemente, revisitando os álbuns de fotografia da minha infância — sim, aqueles de papelão, cobertos por um plástico meio amarelado, com as bordas douradas descascando e cheiro de armário —, percebi uma coisa, digamos, bastante "peculiar". Em quase todas as fotos de aniversário, eu estou emburrado, com uma

1. Clarice Lispector, *Todas as crônicas*. Rio de Janeiro: Rocco, 2018, p. 450.

expressão de quem gostaria de estar em outro lugar. Ou de quem queria poder simplesmente brincar com os brinquedos novos em paz, sem precisar sorrir para a câmera ou abraçar um adulto suado que repetia "cadê o sorriso, menino?".

A verdade? Nunca fui fã de festas de aniversário. Sempre achei meio esquisita essa obrigação de parecer feliz só porque o calendário girou mais uma vez. Como se completar mais um ano fosse, automaticamente, motivo para reunir gente e estourar um mega balão recheado de doces. Passei por aniversários em que tudo o que eu queria era sumir. Ficar quieto, encolhido em algum canto, sem precisar fingir entusiasmo. Fui levado a entender, precocemente, que a tristeza em dia de parabéns não devia aparecer.

Não estou, em hipótese alguma, defendendo o apagamento dos encontros ou incentivando a amargura das dores solitárias. Longe de mim negar os aniversários e outras celebrações, tampouco fazer da tristeza uma morada definitiva. O que estou tentando dizer é que, para que a celebração faça sentido, ela precisa acolher também as partes que doem. Caso contrário, se transforma em mais uma obrigação disfarçada de performance.

Byung-Chul Han, em *O desaparecimento dos rituais: uma topologia do presente* (2021), nos oferece uma importante reflexão acerca dessa temática. Para ele, os rituais têm uma função simbólica fundamental: dão forma ao tempo, criam pausas, sustentam vínculos e ajudam o sujeito a habitar o mundo. Cito o autor:

> Rituais podem ser definidos como técnicas simbólicas de encasamento. Transformam o estar-no-mundo em um estar-em-casa. Fazem do mundo um local confiável. São no tempo o que uma habitação é no espaço. Fazem o tempo se tornar habitável. Sim, fazem-no viável como uma casa. Ordenam o tempo, mobiliam-no. [...] Ao tempo falta hoje a estrutura firme. Ele não é uma casa, mas um fluxo volúvel. Desintegra-se em mera sucessão de presentes pontuais. Ele se esvai. Nada lhe dá uma parada [*Halt*]. O tempo que se esvai não é habitável.[2]

Por isso, quando revisito aquelas fotos antigas das minhas festas de aniversário, percebo um estranhamento difícil de ignorar — e não me refiro somente à camisa polo enfiada por dentro da calça. O que me gerava ansiedade era a obrigação de vestir uma felicidade que, naquele momento, não me servia — pelo menos não daquele jeito.

---

2. Byung-Chul Han, *O desaparecimento dos rituais: uma topologia do presente*. Rio de Janeiro: Vozes, 2021. E-book.

Entendo agora que o que me faltava era esse "encasamento simbólico" de que fala Han — um "lugar"[3] onde eu pudesse, sem culpa, permanecer recolhido num canto da festa. Rituais, quando realmente habitáveis, abrigam tanto a alegria quanto a tristeza, permitindo que ambas coexistam sem se anularem. Porém, quando se transformam em vitrines emocionais, deixam de cumprir sua função de ordenar o tempo e passam a desorganizá-lo. Nesse formato, exigem que a pessoa compareça à própria vida numa versão editada de si mesma, sempre performando. É nesse terreno artificial que o adoecimento começa a germinar.

Tal modo de existir despertou o olhar atencioso de Winnicott. Em seus atendimentos, ele notou um padrão recorrente: muitos pacientes chegavam *impecavelmente* adaptados. Sabiam como agir, o que dizer e como corresponder às demandas externas. Era como se essas pessoas soubessem apenas viver "papéis", perdendo o acesso à própria essência.

É importante dizer que Winnicott foi o autor da psicanálise que ficou conhecido por tecer a sua própria concepção de *desenvolvimento emocional*, sustentando a tese de que ele precisa acontecer sempre em "primeira

3. Escrevo "lugar" entre aspas porque não me refiro a um espaço físico, mas a um espaço psíquico — um estado interno no qual eu pudesse me recolher sem a obrigação de atuar.

pessoa".[4] Isso significa que o bebê, desde o início, é convocado a ser o sujeito de sua própria história — ainda que, nos primeiros meses, esse protagonismo exista apenas sob a forma de uma ilusão de onipotência. O bebê cria o seio que está lá para ser encontrado — eis o grande paradoxo da teoria winnicottiana.

Para Winnicott, nos primórdios da vida não há um "eu" separado do ambiente. Quando o cuidado é suficientemente bom, o bebê sente que o mundo se ajusta a ele com tanta precisão, que a mãe e o ambiente são vividos como parte de si. O seio surge quando há fome, o colo quando há desconforto, e assim o bebê acredita ser onipotente, senhor do seu destino. Essa fusão inicial é o que permite que, pouco a pouco, ele vá elaborando — de maneira imaginativa[5] — as suas funções corporais, até constituir uma unidade psicossomática.

---

4. Recomendo a leitura de um belíssimo artigo escrito por Alfredo Naffah Neto, professor na PUC-SP e meu orientador no mestrado e no doutorado: "Em primeira pessoa". *Natureza Humana*, v. 21, n. 2, p. 211-219, 2019. Disponível em: https://doi.org/10.17648/2175-2834-v21n2-396. Acesso em: 12 ago. 2025.

5. A expressão "elaboração imaginativa das funções corporais", utilizada por Winnicott, refere-se ao processo pelo qual o bebê, a partir da experiência sensorial e do cuidado recebido, começa a atribuir significado às funções do próprio corpo — mamar, respirar, evacuar, movimentar-se — integrando-as à sua vida psíquica. Não se trata apenas de funções biológicas, mas de experiências que, ao serem apropriadas, passam a fazer sentido e a compor a base da subjetividade. À guisa de

Com o amadurecimento e a sustentação contínua desse ambiente, a "primeira pessoa" vai se consolidando, e a criança passa a poder vestir aquilo que Winnicott nomeou de "falso self saudável"[6] — um recurso flexível, que lhe possibilita circular no mundo e atender às demandas sociais sem perder o contato com o seu mundo interno, com a espontaneidade e a criatividade.

O risco ocorre nas situações em que falhas ambientais interrompem esse processo. Nessas condições, o falso self deixa de ser uma proteção e se torna uma armadura, uma máscara fixa. O bebê deixa de agir a partir de suas necessidades e passa a reagir às exigências e intrusões do meio. O self verdadeiro, ainda em estado embrionário, fica encapsulado, e a primeira pessoa se eclipsa, cedendo lugar a um personagem moldado pelas expectativas do outro. O que se apresenta, então, já não é a vida em sua expressão autêntica, mas um reflexo condicionado pelo olhar alheio.

---

indicação, discuto esses conceitos winnicottianos com profundidade junto a Alfredo Naffah Neto e Filipe Vieira no livro *A clínica winnicottiana: os casos difíceis*. São Paulo: Blucher, 2025.

6. Donald Woods Winnicott, "Distorção do ego em termos de self verdadeiro e falso self". In: Winnicott, D. W. *Processos de amadurecimento e ambiente facilitador: estudos sobre a teoria do desenvolvimento emocional*. São Paulo: Ubu, 2022. (Trabalho original publicado em 1960.)

Em síntese: Winnicott distingue dois modos de funcionamento do falso self. O primeiro é saudável e até necessário, atuando como uma espécie de filtro. Ele nos ajuda a fazer pequenos ajustes na forma como nos expressamos — por exemplo, auxilia a moderar a raiva numa reunião de trabalho ou esconder a tristeza num momento em que não podemos desabar — sem que isso comprometa quem realmente somos. Esse falso self protege a nossa parte mais íntima e, ao fazê-lo, cria as condições para que ela se fortaleça, pois ambas as partes (verdadeira e falsa) permanecem em "conexão". O segundo é mais complexo e, por isso, considerado patológico. Nesse caso, o falso self deixa de ser um recurso provisório de proteção e se cristaliza, interpondo-se entre o sujeito e a própria experiência. A vida passa a ser encenada e a pessoa começa a atuar predominantemente: sorri para evitar conflitos, produz para corresponder às exigências, aceita tarefas que não deseja etc. Dia após dia, desconecta-se da própria verdade e perde a sensação de continuidade. O que sobra é uma cisão que abre espaço para o persistente sentimento de irrealidade.

Um bom exemplo desse fenômeno pode ser visto no filme *O show de Truman* (1998). Truman, interpretado (brilhantemente) por Jim Carrey, leva uma vida aparentemente perfeita numa cidade acolhedora, cercado de pessoas sorridentes e com uma rotina bem ensaiada.

Porém o que ele não sabe — e nós, espectadores, logo descobrimos — é que tudo aquilo é uma encenação. Desde o nascimento, Truman é o protagonista involuntário de um *reality show*. A cidade é um estúdio. Os amigos, figurantes. Até a sua esposa foi contratada para fingir afeto.

Na linguagem winnicottiana, podemos dizer que Truman vive aprisionado em um falso self patológico. Sua vida se organiza inteiramente a partir das expectativas e roteiros impostos por um "ambiente" que, embora pareça acolhedor, é na verdade controlador e invasivo. Não há espaço para a espontaneidade, pois tudo já está previamente decidido. A ilusão criativa que deveria marcar o início da vida, possibilitando que o bebê (ou o adulto) se sinta autor da própria história, é substituída por uma ilusão fabricada. O resultado é uma existência sem margem para o inesperado, em que o self verdadeiro permanece encapsulado, inacessível até para o próprio sujeito.

A ruptura desse ciclo — como vemos no momento em que Truman decide atravessar a porta de saída — não é simples nem isenta de dor. Enfrentar o desconhecido implica perder a segurança ilusória e encarar a vulnerabilidade de viver sem roteiro. Na clínica, esse movimento pode acontecer de forma mais silenciosa, mas carrega a mesma tensão: romper com o falso self cristalizado exige encontrar (ou criar) um ambiente suficientemente bom, capaz de sustentar (*holding*) o retorno da primeira pessoa. É nesse espaço que, pouco a pouco, o sujeito volta a habitar sua própria vida — não mais como personagem.

Não à toa, mesmo adulto, ainda sinto uma pontada de desconfiança diante de certas festas — e não falo só das celebrações de aniversário. Há encontros em que o clima exige mais representação do que presença; uma presença verdadeiramente implicada. Nesses momentos, percebo a criança emburrada das fotos espiando do canto da memória, desconfiada do que estão pedindo.

Hoje, já não preciso escondê-la. Entendi que a minha tristeza — gerada pelo incômodo frente a uma alegria imposta — é um modo de permanecer fiel ao meu próprio ritmo. Ela me lembra que viver não significa cumprir roteiros, e sim habitar o tempo com as emoções que realmente estão ali, mesmo que destoem da música ambiente.

Essa é a fronteira entre uma vida vivida em primeira pessoa e uma vida encenada para o olhar alheio. Na primeira, há espaço para chegar à festa com um sorriso aberto ou com a quietude de um dia mais introspectivo, sem ter de disfarçar nenhum dos dois.[7]

---

7. Gostaria de agradecer aos meus amigos que, com maturidade e generosidade, têm paciência para me acolher como eu sou: em alguns dias alegre, festivo e empolgado; em outros, mais calado e introspectivo — e, justamente por isso, "mais eu".

Portanto, afirmo com alguma convicção: o maior presente de aniversário que podemos nos dar é não apagar a tristeza para que ela caiba na foto, e deixá-la sentar-se junto à alegria na mesa. Somente quando as duas podem conviver em paz, a celebração deixa de ser performance e volta a ser vida.

Finalizo a nossa conversa deste capítulo com uma joia retirada de um dos textos mais bonitos de Winnicott:

> Para ser criativa, uma pessoa tem que existir, e ter um sentimento de existência, não na forma de uma percepção consciente, e sim como uma posição básica a partir da qual operar. Em consequência, a criatividade é o fazer que, gerado com base no ser, indica que aquele que é, está vivo.[8]

---

8. Donald Woods Winnicott, "Vivendo criativamente". In: Winnicott, D. W. *Tudo começa em casa*. São Paulo: Ubu, p. 43. (Trabalho original publicado em 1966.)

7

O que a análise sustenta, o mundo rejeita

Tudo passa, você vai ver, tudo passa. [...] *A vida dá um jeito de manter a gente vivo mesmo quando a gente morre de dor.*[1]

Eu tentava equilibrar uma xícara de café, esforçando-me para cruzar o salão lotado do congresso de psicanálise. O calor excessivo, somado ao burburinho das conversas, acentuava a minha sensação de deslocamento. Encontrei alguns colegas — rostos conhecidos da clínica, das aulas, dos grupos de leitura e das universidades — e me juntei a eles. A roda parecia girar sozinha, movida por citações de autores consagrados,

1. Carla Madeira, *Tudo é rio*. Rio de Janeiro: Record, 2021. E-book.

releituras seguras e interpretações teóricas um tanto recicladas. Entre uma piada e outra sobre quem havia se alongado demais na própria conferência, eu percebia traços de vaidade misturados a um leve cinismo.

Ao mesmo tempo que sorria e concordava com a cabeça, me dei conta do quanto tudo aquilo parecia ensaiado; era como se estivéssemos somente desempenhando o papel de analistas bem-informados. Eu também fazia parte da cena, claro. Sabia citar autores e rir das piadas. Contudo, no meu mundo interno, eu me perguntava: "O que é que realmente estamos dizendo?"

De repente, deixei escapar: "Acordei estranho. Uma tristeza me acompanhou no caminho para cá."

E, então, um silêncio pairou no ar.

Presenciei o famoso climão desconfortável. Alguém, sem saber o que falar, elogiou o croissant da lanchonete (que, por sinal, não estava lá essas coisas). Outro comentou sobre uma livraria próxima ao local do evento. A conversa retomou o curso anterior, como se tivesse tropeçado por um instante e logo reencontrado o passo. E seguimos.

É curioso, para dizer o mínimo, que em um evento no qual todos (em tese) dominavam a arte da escuta e do amparo, a minha frase — curta e vulnerável — não tenha encontrado lugar.

Por que é tão difícil lidar com a tristeza quando ela aparece assim, crua, fora do *setting*?[2] Mesmo — ou principalmente — entre analistas?

Desconfio que exista um incômodo que mal sabemos nomear quando a tristeza se instala sem aviso num intervalo qualquer — numa pausa para o café, por exemplo. Naquele contexto específico, senti na pele que ela até podia existir, mas só se chegasse vestida de caso clínico, apoiada em conceitos e referências. Precisava ter começo, meio e fim, e, de preferência, alguma elaboração que lhe desse sentido. Fora disso, a tristeza interrompe o fluxo e desmonta a cena.

No consultório, uma frase como "Acordei triste e não sei bem por quê" é ponto de partida. Na vida social, vira ponto final. Gera uma espécie de curto-circuito, pois expõe, sem disfarce, o que há de mais legítimo em nós.

Falta a nós a competência que o psicanalista inglês — nascido na Índia — Wilfred Bion (1897-1979) chamou de "função alfa": a capacidade de transformar

---

2. *Setting* é um termo usado na psicanálise, sobretudo da linha inglesa, para se referir ao conjunto de condições que sustentam o trabalho analítico. Inclui aspectos concretos — como horário fixo das sessões, frequência, duração e o consultório em si — e aspectos simbólicos, como a postura do analista, a confidencialidade e a estabilidade emocional oferecida ao paciente. O *setting* funciona como uma espécie de "moldura" que garante a sustentação do sentimento de segurança para que o processo analítico possa acontecer.

emoções brutas — os "elementos beta" — em pensamentos nomeáveis, toleráveis e simbolizáveis.

Sim, eu sei que esses termos parecem conceitos da física quântica. Bion não é um dos autores mais fáceis da psicanálise. Porém nem sempre aquilo que é fácil é o que mais nos ensina. A psicanálise, geralmente, pede que a gente abrace certo desconforto — Lacan que o diga, não é mesmo?

O que Bion propõe é, no fundo, simples de compreender (e muito difícil de sustentar na vida real). Nascemos mergulhados em um mundo emocional intenso, maior do que somos capazes de suportar. O bebê sente antes de pensar e não tem recursos para processar o que sente. Tudo chega em excesso: fome, frio, dor, prazer etc. Como não consegue organizar essas experiências sozinho, precisa de alguém que faça por ele uma espécie de digestão emocional. É aqui que entra a chamada "função alfa" materna — a capacidade de acolher, decodificar e transformar o caos em algo possível de ser vivido.

Quando essa "digestão" não ocorre, as experiências permanecem brutas, sem forma — o que Bion chamou de elementos beta. Eles circulam pelo corpo e pela mente como um alimento indigesto: viram tensão, irritação, choro, ou aquela sensação estranha de estar tomado por uma "entidade desconhecida" que não sabemos nomear.

Paralelo a isso, Byung-Chul Han, no livro *Sociedade da transparência*, lembra que vivemos num contexto que exige visibilidade constante. Tudo precisa ser exposto, compartilhado, performado. A emoção que não se converte em conteúdo — de preferência rápido e "instagramável" — acaba descartada. A tristeza é empurrada para os bastidores da vida, como se fosse um defeito a ser corrigido e não uma presença legítima no repertório humano. Fora de cena, perde-se a chance de reconhecê-la como parte da experiência.

> A coação por exposição explora o visível. A seu modo, a superfície brilhante é transparente, não tendo necessidade de sofrer qualquer outro questionamento e não possuindo estrutura hermenêutica profunda. A coação por exposição nos rouba, em última instância, nossa própria face; já não é possível ser sua própria face. [...] Tudo deve tornar-se visível; o imperativo da transparência coloca em suspeita tudo o que não se submete à visibilidade. E é nisso que está seu poder e sua violência.[3]

Na "cultura da transparência", tudo precisa ser mostrado — inclusive a nossa "melhora". Há um imperativo de evolução constante, de superação diária. Entretanto, o que fazer com aquilo que não passa? Com a tristeza que não tem uma causa aparente?

---

3. Byung-Chul Han, *Sociedade da transparência*. Rio de Janeiro: Vozes, 2017. E-book.

Como já disse antes, a psicanálise não oferece atalhos. Não serve para arrancar a dor pela raiz. No melhor dos cenários (e quando bem conduzida), transforma o modo como se convive com a dor. Trata-se, sobretudo, de um trabalho minucioso, quase artesanal: amparar alguém em suas angústias sem a pressa de consertar o que, muitas vezes, não precisa ser consertado. Hoje, tal gesto parece até subversivo. Vivemos condicionados a respostas instantâneas, à produtividade como virtude, à sensação de que qualquer mal-estar deve ser eliminado antes que se instale. A análise, no entanto, caminha noutra direção: busca que o paciente encontre um modo próprio de habitar o mundo, sentindo que ele lhe pertence e pode ser vivido a partir de si. Não procura moldá-lo a um ideal ou vendê-lo como "normal", e sim trabalha para que o paciente construa uma organização interna e relacional que lhe permita uma liberdade relativa — tanto das pressões internas, instintuais e superegoicas[4]

4. No sentido freudiano, as exigências superegoicas se formam a partir do desfecho do complexo de Édipo, quando a criança internaliza as figuras de autoridade e os valores transmitidos por elas. Esse conjunto de normas e proibições constitui o superego, que passa a atuar como instância moral. Ele não somente vigia e pune, como também sustenta um "ideal de Eu" — uma imagem interna de como deveríamos ser. Quando essa instância se torna rígida ou implacável, pode gerar um peso constante de cobrança, culpa e inadequação. Ver Sigmund Freud, "O Eu e o Id". In: Freud, S. *Obras completas*. São Paulo: Companhia das Letras, 2011, v. 16. (Trabalho original publicado em 1923.)

quanto das externas, oriundas das relações afetivas. Portanto, podemos dizer que o nosso ofício se ancora mais na ética do que na moral, guiado pela possibilidade de permitir que cada um viva com o que é seu, no ritmo que lhe é próprio.

É isso, a meu ver, que distingue a escuta analítica da escuta comum. A primeira não cobra justificativa, recebendo o que o mundo costuma recusar: o que oscila, a ambiguidade, os conflitos — tudo aquilo que desacomoda.

Pois bem, voltemos a Bion. Ele nos oferece uma das lições mais preciosas no que diz respeito à técnica psicanalítica: quando a mente do analista está saturada — tomada por excesso de estímulos ou emoções —, a simbolização não acontece. E, sem simbolização, nossas emoções ficam à deriva. Ruggero Levy, grande estudioso da obra bioniana e responsável por torná-la mais acessível, explica que quando uma experiência não é simbolizada, ela surge em estado bruto, como os chamados elementos beta, que só podem ser evacuados.

> São emoções primitivas, profundamente dolorosas, que precisam ser evacuadas antes mesmo de serem sentidas por meio do ganho de significado, justamente por esses significados serem *insuportáveis*. Talvez vivências de abandono, ameaça,

> desamparo e desconfiança. Elas conduzem ao ódio do objeto por senti-lo como responsável por esse sofrimento. [...] Essas protoemoções, na medida em que não estão simbolizadas, não podem ser nem reprimidas, muito menos elaboradas. Elas não podem ser entendidas como algo do passado, tampouco esquecidas. *Elas são presentes e sufocam o paciente e os seus objetos.*[5]

Não à toa, tantas pessoas chegam à análise caladas ou falando muito sem dizer nada. Com frequência, se expressam com o corpo: uma tensão no maxilar, uma insônia persistente, um desconforto no estômago etc. E o analista, se não está disponível para conter e metabolizar essas angústias geralmente originárias de vivências de abandono e desamparo, pode sentir-se invadido e/ou atacado.

De acordo com a linhagem bioniana, a essência da clínica vai muito além de traduzir em palavras o que o paciente sente. Ou seja, não basta interpretar. Bion, inclusive, cunhou o termo *reverie* para descrever a capacidade psíquica do analista de sonhar o que o paciente não consegue sonhar. Trata-se de uma atenção

5. Ruggero Levy, *A simbolização na psicanálise: os processos de subjetivação e a dimensão estética da psicanálise*. São Paulo: Blucher, 2022, p. 178 [grifos meus].

especial, em que o analista se deixa tocar pelo material emocional do outro sem tentar resolvê-lo imediatamente. A *reverie* exige simultaneamente continência e sensibilidade. O analista recebe a emoção bruta — aquilo que o paciente não conseguiu transformar em pensamento — e a metaboliza internamente, como uma mãe que "pensa" o choro do bebê antes de devolvê-lo em cuidado.

A análise, pautada por essa premissa teórica, se edifica com base no trabalho requintado de converter o insuportável em algo pensável. Esse processo de transformação[6] não segue uma linha reta, tampouco obedece ao compasso dos ponteiros do relógio. Para tanto, é preciso uma aptidão que vem antes de qualquer compreensão prévia: a tolerância ao *não saber*.

6. Para Bion, a mente opera por meio de processos de transformação. A transformação em elementos alfa refere-se à capacidade de converter experiências sensoriais e emocionais brutas — os chamados elementos beta — em conteúdos simbolizáveis, acessíveis ao pensamento e ao sonho. Trata-se de uma transformação epistemológica: o caos afetivo é organizado em forma de conhecimento. Já a transformação em "O" diz respeito à dimensão do incognoscível — aquilo que só pode ser vivido, não representado. Nesse registro, não se trata de saber sobre o paciente, mas de tornar-se uno com ele por um instante e sentir junto. É uma experiência que exige a suspensão da memória, do desejo e da compreensão prévia, abrindo espaço para o desconhecido em sua forma mais pura. Ver Wilfred Bion, *Transformações*. São Paulo: Hirondel, 2021. (Trabalho original publicado em 1965.)

A nossa sociedade atual, em contrapartida, não suporta essa condição. Vivemos cercados por respostas prontas, diagnósticos frenéticos e promessas de alívio imediato. Frases como "Acordei estranho" soam deslocadas fora do consultório, pois expõem um pedaço da gente em carne viva — um elemento beta à procura de abrigo. E, num mundo obcecado por performance, esse tipo de verdade costuma fazer os outros recuarem — inclusive analistas fora do *setting* (!).

8

A tristeza e a capacidade de ficar sozinho

> *[...] fique de vez em quando sozinho, senão você será submergido. Até o amor excessivo dos outros pode submergir uma pessoa.*[1]

Quando alguém me pergunta se fui uma criança solitária, sempre hesito antes de responder. Porque, sim, fui. Mas não me refiro àquelas solidões tristes, cinzentas, sem ninguém por perto. Eu tinha companhia de sobra. A minha solidão era outra.

Meu pai, caminhoneiro, voltava da estrada com o rosto marcado por sol e cansaço. Ainda assim, se jogava

---

1. Clarice Lispector, *Clarice Lispector entrevista: grandes personalidades entrevistadas por Clarice Lispector*. Rio de Janeiro: Rocco, 2024. E-book.

no chão da sala para disputar comigo uma partida de bolinha de gude. Falava pouco, mas a presença dele dizia tudo: estava ali, comigo, mesmo exausto.

Minha mãe, professora e dona de casa, parecia carregar um universo de responsabilidades nas costas. Apesar disso, encontrava espaço para as nossas noites de história. Lia os livros com as mãos, com os olhos e com o corpo inteiro. Nessas horas, eu tinha vontade de congelar o tempo e fazer a Terra parar de girar. Há momentos que deveriam ser eternos.

Sou filho único e durante muito tempo fui neto único — o que significa que recebi mimos e atenção em abundância. Mas havia também os intervalos; as ausências que não machucavam. Nessas situações, eu geralmente falava sozinho no quintal dos meus avós, inventando aventuras com os meus brinquedos. Descobri cedo um tipo de vazio que não fere; uma espécie de campo aberto onde a imaginação pode correr solta, criando sentido para as coisas.

Para a surpresa de quem me achava mimado, fui o primeiro dos meus amigos a sair de casa. O primeiro a descobrir que a luz não se paga sozinha, que o arroz, se a gente se distrai, queima com facilidade, e que as bananas, para o meu desespero, apodrecem na fruteira em menos de 24 horas. Posso dizer, com alguma certeza, que aprendi rápido a morar só. Meus pais não me impediram. Sabem que amar também é soltar, que maturidade precisa de oxigênio e que confiar é sinônimo de cuidar a distância.

Hoje, divido a vida com alguém que entende essa confiança. Meu companheiro é meu par no afeto e no ofício. Psicanalista, escritor e podcaster — como eu. Moramos e trabalhamos juntos, mas sabemos desaparecer ao longo do dia. Ele se fecha no escritório dele, ouvindo músicas antigas da Madonna, enquanto sublinha seus livros com o auxílio de uma régua. Eu fico no meu escritório, escutando Taylor Swift, escrevendo e lendo, perdido em frases de algum filósofo importante (buscando me sentir erudito).

Temos inúmeras semelhanças, porém são as diferenças que nos protegem. Ele precisa de ordem, de listas, de começo, meio e fim. Eu vivo de improviso e me surpreendo com os desvios. Ele busca clareza. Eu, ambiguidade. Gosto de frases que erram o caminho antes de chegar.

Com ele, (re)aprendi uma lição valiosa: *a intimidade não precisa de fusão.*

Infelizmente, muita gente confunde solidão com tristeza. Pouco se fala sobre a solidão que amadurece, que alarga o peito e abre espaço para o crescimento do Eu.

Winnicott nos ajuda a refletir sobre a solidão — condição tão humana — a partir do conceito "a capacidade de ficar sozinho". Confesso que, na primeira vez que li essa expressão, achei que era estranha. Afinal, desde quando estar só é uma capacidade?

Para Winnicott, existe uma solidão que não sangra, que não gera pavor. No entanto, para senti-la, é preciso ter um mundo interno povoado por presenças confiáveis. Isso equivale a dizer que, em algum momento da vida, alguém esteve ali de forma *suficientemente boa* para que, mesmo ausente, continuasse dentro de nós. É por isso que Winnicott diz que "a base da capacidade de ficar sozinho é um paradoxo; é a experiência de estar sozinho quando mais alguém está presente".[2]

E, por essa via, ele prossegue:

> A capacidade de ficar só ou é um fenômeno altamente sofisticado, ao qual uma pessoa pode chegar em seu desenvolvimento depois do estabelecimento de relações triádicas, ou então é um fenômeno do início da vida que merece um estudo especial por ser base sobre a qual se constrói a solidão sofisticada.[3]

Essa conquista não tem nada a ver com isolamento (ou retraimento). Na perspectiva winnicottiana, a

---

2. Donald Woods Winnicott, "A capacidade de ficar sozinho". In: Winnicott, D. W. *Processos de amadurecimento e ambiente facilitador: estudos sobre a teoria do desenvolvimento emocional.* São Paulo: Ubu, 2022, p. 36. (Trabalho original publicado em 1958.)
3. Ibid.

capacidade de ficar sozinho representa um indicativo fundamental do amadurecimento: passamos a suportar a ausência sem precisar preenchê-la imediatamente, e nos apropriamos de que estar só pode ser não apenas viável, mas, em determinados momentos, necessário. Em contrapartida, há pessoas que nunca aprenderam a lidar com a própria solidão; que vivem ocupadas demais, buscando incessantemente preencher cada silêncio.

Winnicott não está dizendo, em momento algum, que amadurecer significa aderir à lógica cruel de "dar conta de tudo sozinho". Ao contrário, a capacidade de ficar sozinho, como mencionado, pressupõe a experiência prévia de ter sido cuidado por alguém de maneira suficientemente boa. É essa presença confiável, internalizada ao longo do tempo, que permite que a solidão não se confunda com o abandono. Trata-se, portanto, de um estado psíquico em que o sujeito pode estar consigo mesmo sem se sentir desamparado.[4]

No meu relacionamento, percebo como essa experiência se renova. Vivemos lado a lado, mas respeitamos os

4. Escrevi um artigo científico sobre esse tema, em coautoria com o meu companheiro: A. P. Almeida & F. P. Vieira, "Uma análise winnicottiana do filme *Nomadland*: entre a solidão e a capacidade de estar só". *Rabisco Revista de Psicanálise*, v. 12, n. 1, p. 97-110, 2023. Disponível em: https://rabiscorevista.com.br/wp-content/uploads/2023/06/Revista_Rabisco_12_Volume_1.pdf. Acesso em: 12 ago. 2025.

momentos em que cada um de nós precisa se recolher — e isso inclui poder sentir a tristeza sem precisar justificá-la. Essa dinâmica é bem diferente do isolamento, pois é fruto da certeza de que o outro continua lá, ainda que não esteja no mesmo cômodo. A conquista desse grau de maturidade permite que a solidão seja fértil e que a tristeza, por sua vez, seja uma lembrança de que seguimos vivos, capazes de sentir e, consequentemente, capazes de amar.

Recentemente, numa das minhas (várias) noites de insônia, fui para a sala, deitei no sofá e não liguei o celular ou a televisão. Apaguei as luzes e fiquei olhando para o nada. A chuva batia no telhado enquanto eu permanecia ali sozinho, compartilhando a presença com uma tristeza dócil e inofensiva.

No dia seguinte, pela manhã, rabisquei um poema:

e então eu fico
com a tristeza morna
com a respiração em desalinho
com o som da casa à noite
até que os fios de silêncio me costuram de novo[5]

---

5. Não sou poeta. Muito pelo contrário, demoro horas para escrever cinco ou seis versos. Por isso mesmo, esse pequeno poema — fruto da minha capacidade de ficar sozinho — é dedicado aos meus pais, que sempre me ensinaram a ficar, e ao Filipe, que todos os dias me ensina a voltar.

9

Geografia da tristeza

> *Eu acho que o verdadeiro empoderamento de qualquer pessoa negra ou de qualquer pessoa de uma diáspora ou de uma comunidade marginalizada é ter a liberdade de ser humana. Isso quer dizer que nós às vezes sabemos, outras vezes choramos e outras vezes não queremos saber.*[1]

Outro dia, uma amiga me perguntou se eu achava que a tristeza podia ter causa social. Ela não usou exatamente esses termos. Disse algo como: "Você acha que existe gente que já nasce com uma tristeza de herança?"

Fiquei em silêncio por alguns segundos, sentindo uma pontada de indignação. A posição de conforto dela

1. Grada Kilomba, artista, escritora e teórica portuguesa, em entrevista ao programa *Roda Viva*, TV Cultura, em maio de 2024. Disponível em: https://www.youtube.com/live/up-F2Pzf0LY. Acesso em: 12 ago. 2025.

não lhe permitia entender que, para muita gente, a tristeza vem junto com o sobrenome. Refiro-me a contextos de extrema vulnerabilidade: crianças que crescem em casas em que a comida mais falta do que sobra, onde o cuidado é atropelado pela violência, a educação é precária, e, por isso, a infância acaba esmagada.

Então, respondi que sim. Que nem toda tristeza se origina do fim de um amor ou da morte de alguém querido. Às vezes, a tristeza tem CEP, pode ser estrutural. Não brota de um episódio isolado, mas de um ambiente que sufoca. E não estou falando só do bairro, da rua esburacada, do ponto de ônibus sem cobertura. Falo de um sistema que decide quem vai viver em estado de alerta e quem terá o privilégio de descansar.

Disse a ela que existe gente que acorda cansada antes mesmo de o sol nascer. Corpos pretos, pobres, LGBTQIA+, periféricos, que não precisam fazer nada de errado para serem tratados como se eles mesmos fossem o "erro". Pessoas que carregam seus próprios fantasmas e, de brinde, ganham as assombrações dos outros: estigmas, rótulos e exclusões.

Não adianta romantizar ou idealizar uma única solução: essa tristeza não se resolve somente com psicoterapia. Até porque, sejamos sinceros, raramente quem mais precisa consegue chegar a um divã. Faltam vagas no CAPS, faltam psicólogos na UBS, falta tempo, falta dinheiro, falta tudo... menos sofrimento. A mesma sociedade que empurra desde o berço as pessoas para o abismo espera que elas "reajam", "sejam resilientes", "tenham inteligência emocional".

Para piorar, inventaram a meritocracia com o intuito de disfarçar a desigualdade. Na prática, uns tomam calmantes para aguentar a rotina, enquanto outros não conseguem sequer imaginar a sobrecarga de uma vida em que sobreviver já é trabalho em tempo integral. O burnout da periferia não vira post de superação no LinkedIn. Não existe coach que ensine a respirar fundo diante do medo de um enquadro. Não há mantra que funcione para quem aprende a engolir o choro para não perder o emprego — ou a dignidade.

Há tristezas que não se curam. Então, a gente resiste como pode.

Dados evidenciam que a pobreza extrema triplica a probabilidade de desenvolver transtornos mentais,[2] que trabalhos precários (ou a ausência de emprego) adoecem,

2. Mais sobre pobreza extrema e transtornos mentais pode ser lido em: https://oglobo.globo.com/saude/noticia/2024/10/25/depressao-e-ansiedade-pobreza-triplica-a-possibilidade-de-sofrer-transtornos-mentais-alerta-onu.ghtml. Acesso em: 12 ago. 2025.

e que o racismo,[3] a homofobia[4] e o machismo não são "opinião", mas doses diárias de envenenamento social.

Freud, há mais de um século, afirmou: "A psicologia individual *é também, desde o início, psicologia social*, num sentido ampliado, mas inteiramente justificado."[5] Ou seja, a psique não mora numa bolha.

Quando criança, eu acreditava que meu pai era invencível. Um herói cansado, mas um herói. Mais tarde, entendi que aquele super-homem precisava de comprimidos para se manter de pé. Ele virava a noite dirigindo no meio do nada, ouvindo rádio AM, enquanto minha mãe e eu dormíamos encolhidos no banco de carona com cheiro de diesel e pão amanhecido. Às vezes, ele falava sozinho. Outras vezes, chorava baixinho, achando que ninguém estava ouvindo. Mas eu estava. Ouvia o choro em decorrência das injustiças que ele engolia. A lógica era simples: se ele resistisse, a mensalidade da escola não atrasava. Se ele não caísse, o boleto não virava humilhação.

---

3. Mais sobre o preconceito racial e saúde mental pode ser lido em: https://www.cnnbrasil.com.br/saude/como-o-preconceito-racial-afeta-a-saude-mental-da-populacao-negra/. Acesso em: 12 ago. 2025.
4. Ver Francisco, L. C. F. de L., Barros, A. C., Pacheco, M. da S., Nardi, A. E., & Alves, V. de M., "Ansiedade em minorias sexuais e de gênero: uma revisão integrativa". *Jornal Brasileiro de Psiquiatria*, v. 69, n. 1, p. 48-56. https://doi.org/10.1590/0047-2085000000255. Acesso em: 12 ago. 2025.
5. Sigmund Freud, "Psicologia das massas e análise do Eu". In: Freud, S. *Obras completas*. São Paulo: Companhia das Letras, 2011, v. 15, p. 14 [grifos meus]. (Trabalho original publicado em 1921.)

Quando vejo alguém vendendo palestra sobre "acordar às 5 da manhã", como se isso fosse heroísmo, sinto uma mistura de irritação e enjoo. Lembro do meu pai virando comprimidos com café frio para aguentar a estrada. Lembro do fardo das contas, da sua dor nas costas e da esperança de que eu pudesse estudar sem ser arrancado da sala de aula no meio do semestre, por falta de pagamento.

Meu pai não queria vencer. Ele queria, com o que tinha, me empurrar um pouco mais adiante. Dar a mim a chance que, para ele, parecia perdida.

Penso que a violência que explode nas ruas carrega esse mesmo transbordamento: uma tristeza que ninguém pôde lamentar.

Winnicott certa vez disse: "Somos mais do que um conjunto de fatos; e o modo como percebemos nossas experiências e a forma como elas estão entrelaçadas com nossos sonhos formam parte desse todo que chamamos *vida e experiência individual*."[6]

Ora, toda dor carrega um resto de história coletiva e denuncia uma rachadura social inscrita na biografia de quem menos pode se defender.

Quando o mundo adoece, ninguém adoece sozinho.

---

6. Donald Woods Winnicott, "A contribuição da psicanálise para a obstetrícia". In: Winnicott, D. W. *Bebês e suas mães*. São Paulo: Ubu, 2020, p. 92 [grifos meus]. (Trabalho original publicado em 1957.)

10

Entre ser forte e poder quebrar

> *Saber desistir. Abandonar ou não abandonar — esta é muitas vezes a questão para um jogador. A arte de abandonar não é ensinada a ninguém. E está longe de ser rara a situação angustiosa em que devo decidir se há algum sentido em prosseguir jogando.*[1]

Há quem imagine que escrever uma tese de doutorado é um feito intelectual. Um esforço hercúleo de leitura, pesquisa e produção de ideias originais. E realmente é. Contudo, o que poucos sabem é que, no meio do caminho, a gente morre. Ou, no mínimo, quebra.

Eu quebrei de um jeito literário. No sentido mais cru do termo: me enfiei embaixo da escrivaninha do

1. Clarice Lispector, *Um sopro de vida*. Rio de Janeiro: Rocco, 2020. E-book.

meu escritório, entrei em posição fetal e chorei. Chorei como um navegante que perdeu a bússola no meio de um temporal em mar aberto. Não havia mais ideias, nem vontade, tampouco recursos internos. Minha cabeça, que sempre foi a minha ferramenta de sobrevivência, tinha virado um quarto escuro sem janelas.

Por sorte, meus pais estavam em casa naquele dia. Minha mãe me abraçou com força, tentando acalmar a angústia que parecia infinita. Porém foi meu pai quem falou a frase que viria a reorganizar a minha vida por dentro. Ele, que nunca teve acesso às universidades, que cruzou o Brasil de caminhão e conheceu o mundo pelas estradas de terra, me olhou com uma sabedoria que só os que já perderam tudo parecem ter e disse: "Filho, desistir também pode ser um ato de coragem. Mas, se quiser continuar, eu estou contigo."

Não sei o que me comoveu mais: se foi a permissão para desistir, ou o fato de ele dizer isso sem nenhum julgamento.

Suas palavras ficaram em mim: defendi o doutorado e publiquei o que precisava publicar. Passei a admirar meu pai de um outro lugar. Ele soube me oferecer algo que, mesmo com todos os meus títulos, eu ainda não sabia acolher: o meu próprio limite. E o fez sem me diminuir.

Adam Phillips, no livro *Sobre desistir*, afirma: "Desistir requer um senso de encerramento: é saber, na medida do possível, quando chegou a hora de parar."[2]

Meu pai me autorizou a parar caso eu precisasse. E, curiosamente, foi esse "senso de encerramento" que me deu forças para continuar. Embaixo da escrivaninha, eu descobri que *ser forte é saber quebrar.*

Freud, em uma entrevista concedida ao jornalista americano George Sylvester Viereck, em 1926, afirmou: "A psicanálise não apenas nos ensina o que temos que suportar, ela também ensina o que temos que evitar. Ela nos diz o que deve ser eliminado. A tolerância do mal não é, de maneira nenhuma, um corolário do conhecimento."[3]

Muitos pacientes chegam à análise trazendo um cansaço (físico e emocional) que não se explica somente pelas horas maldormidas. Refiro-me a um tipo de esgotamento mais específico, enraizado na tentativa interminável de corresponder às expectativas alheias. Adultos que aprenderam cedo demais que não era uma opção se permitir quebrar.

---

2. Adam Phillips, *Sobre desistir*. São Paulo: Ubu, 2024, p. 35.
3. G. S. Viereck; P. C. Souza, "O valor da vida (Uma entrevista rara de Freud)". *Ide*, São Paulo, v. 42, n. 69, p. 11-15, 2020. Disponível em: https://pepsic.bvsalud.org/scielo.php?script=sci_arttext&pid=S0101-31062020000100002. Acesso em: 12 ago. 2025.

Falo de pessoas que tiveram de terminar uma faculdade que odiavam porque os pais apostavam naquela profissão. Que permaneceram anos em empregos que lhes adoeciam porque a estabilidade parecia mais segura do que a própria saúde. Que mantiveram relacionamentos abusivos por medo do estigma da separação. Vidas moldadas por um imperativo: "Simplesmente aguente."

A força, quando entendida como sinônimo de resistência, pode ser a forma mais disfarçada de prisão.

Ao me aprofundar no tema da desistência, encontrei referências fora da psicanálise que também enxergam a tristeza como um ponto de ruptura.[4] Tais pesquisas apontam que a tristeza se instaura quando é preciso abandonar um investimento emocional que já não se mantém — seja numa meta inalcançável, seja num projeto que desandou. Trata-se de um processo doloroso, porque envolve soltar aquilo que um dia fez sentido. Ainda assim, é justamente esse esvaziamento que abre espaço para que algo novo possa surgir.

O estado de recolhimento que acompanha essas perdas é marcado por longas voltas de pensamento e funciona como uma espécie de quarentena afetiva: suspende o

---

4. Jerome C. Wakefield & Allan V. Horwitz, *The loss of sadness: how psychiatry transformed normal sorrow into depressive disorder.* Nova York: Oxford Press, 2007.

impulso de agir para que possamos avaliar riscos, evitar precipitações e não nos enganar quanto às nossas chances de sucesso. Em certas situações, como lembra o psiquiatra Randolph Nesse,[5] o pessimismo, a falta de energia e até o medo podem impedir um desastre — mesmo que, no caminho, aumentem o peso do sofrimento.

O que distingue a tristeza adaptativa de um quadro depressivo é a sua transitoriedade. Passado o tempo necessário, ela se dissolve e devolve ao sujeito a possibilidade de investir em novas metas, agora mais promissoras e ancoradas na realidade.

Na clínica, buscamos oferecer uma "trégua" para que o ato de desistir possa ser cogitado *sem culpa*.

Em síntese, muitas desistências escondem inúmeras renúncias: um sonho, um caminho idealizado, uma versão de si que já não se mostra mais coerente etc. Logo, é natural que, ao desistir, a tristeza apareça. Ela representa o luto por aquilo que deixamos para trás. No entanto, essa tristeza também pode facilitar o fluxo das coisas. Ela nos arranca da fantasia de onipotência e nos devolve ao que somos: humanos, capazes de errar, cansar e, às vezes, mudar de ideia.

---

5. Randolph M. Nesse, "Is depression an adaptation?". *Archives of General Psychiatry*, v. 57, n. 1, p. 14-20, 2000. Disponível em: https://jamanetwork.com/journals/jamapsychiatry/article-abstract/481547. Acesso em: 12 ago. 2025.

Desistir pode doer, sim. Todavia, há dores que reorganizam, revelando o quanto nos distanciamos de nós mesmos ao tentar sustentar o insustentável. E é com a ajuda da tristeza — desde que devidamente amparada — que conseguimos enxergar esse afastamento.

Viver é um constante equilíbrio entre saber o que soltar e o que vale a pena permanecer segurando.

11

Tristeza e empatia: uma questão de ir e saber voltar

Mas sei de uma coisa: meu caminho não sou eu, é outro, é os outros. Quando eu puder sentir plenamente o outro estarei salva e pensarei: eis o meu porto de chegada.[1]

Eu devia ter uns 5 anos. Era verão e estávamos cruzando alguma estrada do interior, como tantas outras que cortavam o Brasil com seus nomes esquecidos. Meu pai dirigia, minha mãe ia ao lado, e eu me espremia junto aos dois, com um sanduíche nas mãos e a cabeça encostada na janela, vendo o mundo passar devagar.

---

1. Clarice Lispector, *Todas as crônicas*. Rio de Janeiro: Rocco, 2018, p. 130.

O caminhão era a nossa casa ambulante. Meus pais levavam de tudo dentro daquela cabine: cobertor, escova de dente, travesseiro, garrafa térmica com café, lanche embrulhado em papel-alumínio e um rádio que, vez ou outra, deixava a música de lado para dar lugar à conversa. Eu achava essa vida uma aventura. Dormir no banco de trás enquanto o motor roncava representava, para mim, quase um conto de fadas moderno.

No entanto, fizemos uma parada que ficou tatuada na minha memória, com as cores e as angústias de quem, pela primeira vez, sentiu a realidade doer.

Foi num posto de gasolina. O sol batia forte no asfalto. O cheiro de combustível misturado ao calor seco da estrada fazia o ar ondular. Meu pai desceu para abastecer e, logo em seguida, uma família se aproximou. Eram cinco ou seis pessoas, talvez mais. O que não esqueço é do menino que estava entre eles. Devia ter a minha idade. Estava com os pés descalços e cabelo grudado na testa pelo suor. Ele vestia uma bermuda vermelha surrada. Me olhou com o semblante de quem pede desculpas por existir. E eu, muito mexido, não soube devolver o olhar.

Minha mãe, sem hesitar, abriu a pequena caixa de mantimentos que carregávamos e começou a separar alguns alimentos: um pacote de biscoitos, duas maçãs e uma garrafinha de água. Entregou tudo com delicadeza. O menino, então, pegou os biscoitos com as duas mãos e deixou escapar um sorriso tímido, com dentes ainda de leite — que deveriam ser vistos depois de brincar, não depois de pedir.

Retornei à cabine do caminhão e chorei. Chorei quieto, com a cabeça baixa, tentando entender por que o meu corpo reagia daquela forma. Não sentia fome. Nem medo. Sentia que estava sendo perfurado por alguma tristeza que não cabia no vocabulário que eu conhecia. Era como se alguma parte minha tivesse entendido que o mundo, naquele instante, se dividia em dois: os que tinham algo para oferecer e os que apenas podiam aceitar.

O menino poderia ser eu.

A estrada poderia ser outra.

A caixa de mantimentos poderia estar vazia.

Aprendi, ali, sem ninguém precisar me dizer, que empatia não é fruto da compaixão nem da bondade. *Ela se origina do espanto.* Da capacidade de perceber que a vida, às vezes, se sustenta por um fio invisível, esticado entre o seu corpo e o de alguém que te devolve o próprio reflexo.

Hoje, quando leio sobre cidades destruídas, pessoas enterradas sem dignidade, crianças fugindo com o que conseguem carregar nos braços, volto àquele menino.

E, então, uma pergunta se impõe: como continuar sentindo sem ser tragado pela tristeza global?

A resposta? Ainda não sei.

Escrevo este capítulo na intenção — um pouco ilusória — de procurá-la.

Foi só quando conheci a obra de Winnicott que me deparei com um conceito que iluminou aquela vivência do posto de gasolina: a noção de "identificação cruzada", que nada mais é do que a capacidade de se colocar no lugar do outro sem se perder de si mesmo. Para compreender o seu funcionamento, é preciso entender as bases da sua origem. Trata-se de um mecanismo psíquico bastante sofisticado que é construído lentamente, a partir da "identificação primária"[2] presente nos momentos iniciais da vida.[3]

---

2. Identificação primária é a primeira forma de vínculo entre o bebê e o ambiente, descrita por Winnicott no contexto da *mãe devotada comum*. Trata-se de um estado inicial em que o bebê e a mãe ainda não são percebidos como separados, e o cuidado materno suficientemente bom — adaptado às necessidades e ao ritmo do bebê — sustenta a ilusão de que o mundo surge como extensão dos seus gestos. Essa experiência, vivida progressivamente, fornece a base para que o bebê, mais tarde, possa se diferenciar sem perder o sentimento de continuidade de ser.

3. Discuto amplamente a noção de identificação cruzada em: A. P. Almeida, "A psicanálise e o conceito de Cidade Educadora: uma reflexão a partir das ideias de D. W. Winnicott". *Dialogia*, n. 45, p. 1-14, 2023. Disponível em: https://doi.org/10.5585/45.2023.24386. Acesso em: 12 ago. 2025.

Antes de alcançar a capacidade de realizar identificações cruzadas, o bebê precisa atravessar um longo (e complexo) processo de amadurecimento. Lembremos que, para Winnicott, o ser humano nasce em uma condição de dependência absoluta e, portanto, não tem maturidade psíquica para se diferenciar do ambiente. Os primeiros estágios da vida representam, assim, um período extremamente delicado, pois o bebê precisará de diversas provisões ambientais para poder vir a ser.

Nessa fase do desenvolvimento, a mãe — ou quem cumpre a função de cuidar — apresenta o mundo à criança em pequenas doses. Esse cuidado sustenta o sentimento inicial de onipotência, ligado à criatividade primária, que mantém, por um tempo, a ilusão de que tudo que o bebê precisa simplesmente aparece. Logo, a realidade externa é percebida como extensão dos seus gestos espontâneos, como se o mundo surgisse a partir deles.

Quando as coisas correm bem, chega um momento em que, se já pudesse falar, o bebê diria: "Eu sou." Mas esse estado ainda é frágil, repleto de idas e vindas; ou seja, momentos de integração se alternam com retomadas de um estágio anterior, no qual tudo ainda estava fundido.

Só depois da conquista desse "eu" é que será possível realizar funções psíquicas mais complexas, como a projeção e a introjeção. Tais mecanismos, frutos da diferenciação entre o "Eu" e o "não Eu", permitem que a pessoa se coloque no lugar do outro sem se perder de vista — vivendo o paradoxo de estar em si, e, ao mesmo tempo, no outro. É por essa via que se torna possível acessar pensamentos, ansiedades, medos, sensações e esperanças de outra pessoa. As identificações cruzadas são, portanto, a base da empatia e da solidariedade diante do sofrimento alheio.

A identificação cruzada ocorre quando algo do outro ressoa em uma zona sensível nossa, mesmo que a dor não seja idêntica e a história seja outra. Refiro-me a um tipo de *reconhecimento inconsciente*, que não passa pela razão, mas pelo corpo. O sofrimento do outro recupera uma memória — talvez ancestral — daquilo que também já nos feriu algum dia.

Para Winnicott, essa capacidade não se limita ao campo individual: ela é também uma condição indispensável para que uma sociedade funcione de forma verdadeiramente democrática, pois só há maturidade social quando aliada à maturidade individual. Segundo o autor: "Não resta dúvida de que a identificação cruzada enriquece em muito todas as experiências humanas, e que as pessoas que têm essa capacidade reduzida acabam ficando entediadas e são entediantes."[4]

É claro que a identificação cruzada também apresenta riscos. Em tempos de hiperconexão, em que somos continuamente bombardeados por imagens de tragédias, não é raro que muitas pessoas — eu incluso — se sintam culpadas por estarem (simplesmente) vivas. Falo de um tipo de empatia que escapa da simbolização e cai no terreno da *fusão*. Um sofrimento que, por não encontrar mediação, vira uma culpa esmagadora. Quando não há fronteira psíquica suficiente para diferenciar o que vem de fora, o ego se vê invadido por afetos que não consegue digerir.

Aqui entramos no território de um funcionamento psíquico que beira a patologia. Mais precisamente, poderíamos pensar numa possível interrupção do processo de amadurecimento ou numa regressão momentânea, já que, conforme mencionei, o desenvolvimento emocional não é linear, e sim marcado por idas e vindas.

Nos casos em que a fronteira entre o "não Eu" e o "Eu" não é mantida, o que era para ser empatia se transforma em afogamento, e o fio invisível que nos liga ao outro passa a apertar como uma corda. É comum que a

---

4. Donald Woods Winnicott, "Cura: uma conversa com médicos". In: Winnicott, D. W. *Tudo começa em casa*. São Paulo: Ubu, 2021, p. 138. (Trabalho original publicado em 1970.)

tristeza do outro se instale em nós como se fosse nossa, sem que possamos transformá-la ou dar-lhe destino simbólico. Isto é, ficamos presos ao impacto bruto — como naquela tarde no posto de gasolina, em que eu ainda não dispunha de recursos para elaborar o que via.

A diferença é que, com o amadurecimento, aprendemos a ir e voltar desse lugar. Ir até onde o sofrimento do outro ressoa na nossa própria história para reconhecer, acolher, se possível, agir, e voltar para o nosso eixo, sem deixar que a dor nos engula. Eis a base da empatia: sustentar o paradoxo de sentir profundamente, sem perder o próprio "contorno" (o senso de si). Sem essa base, a estrada se torna grande demais, o calor do asfalto sufoca e qualquer caixa de mantimentos parece pequena diante da fome do mundo.

Entendi a importância da base da empatia anos depois, ao me lembrar daquele menino e perceber que, se a minha mãe pôde abrir a caixa e oferecer algo, foi porque havia algo a ser oferecido. Esse ato só foi possível porque ela estava presente o bastante para sentir, e estava firme o suficiente para não se desfazer por completo.

O menino no posto me convocou, sem saber, a encarar uma verdade bruta da condição humana: fomos feitos para ser *permeáveis*.

Sentir é um risco. Risco de perder o chão, de sair da pequena fortaleza que erguemos em torno de nós mesmos. Risco de ser afetado, de se deixar tocar, de permitir que algo nos desorganize — e, quem sabe, nos transforme.

Parafraseando Clarice Lispector: nós só estaremos salvos quando pudermos sentir plenamente o outro.

12

Alegria precisa de raiz

Um dia feliz tem mais poder que a tristeza de uma vida inteira. Nele moram as reviravoltas.[1]

Nos últimos anos, tenho me surpreendido com as pequenas alegrias, as banalidades do cotidiano. Refiro-me a uma alegria tímida, por vezes solitária, que surge quando o dia termina e a casa repousa. Que vibra, despretensiosa, no meio de uma música qualquer, enquanto preparo o café. Ou quando acordo mais cedo e abro a porta dos fundos de casa, me surpreendendo com o som do vento nas árvores e o canto dos pássaros. Ou, ainda, no instante em que reencontro o rosto do meu companheiro depois de horas trabalhando, e reconheço, na sua presença, o esforço de quem também passou

1. Carla Madeira, *Tudo é rio*. Rio de Janeiro: Record, 2021. E-book.

por uma jornada exaustiva. Tais alegrias não chegam com alarde. Elas aquecem como o sol de inverno e não mudam o mundo, mas me devolvem a mim.

Há pouco tempo, me veio à memória a primeira visita que fiz ao zoológico de São Paulo com os meus pais. Eu devia ter uns 5 ou 6 anos. Lembro que não dormi na véspera, tomado por uma ansiedade estranhamente inexplicável. Minha mãe preparou sanduíches de pão de forma com patê, e meu pai levou um lençol velho para estendermos na grama. Guardo o cheiro de eucalipto misturado ao da pipoca doce, o alvoroço das crianças correndo, o cansaço nas pernas e aquela empolgação inocente. Fiquei emocionado quando vi a girafa de perto. Ela era imensa, desproporcional às imagens que eu havia construído.

Entre tantas recordações infantis, há outra que permanece muito vívida: meu avô surgindo no quintal de casa com uma bicicleta azul sem rodinhas. Ela reluzia como uma moeda nova. Fiquei imóvel, sem saber se corria, se agradecia ou se chorava. Peguei a bicicleta com as mãos suadas e saí pedalando meio torto, sentindo o vento bater no rosto e a roda traseira se perder numa curva. Me esborrachei na calçada, ralei o joelho e o sangue rapidamente escorreu. Doeu, mas confesso que a alegria era maior.

Eu tinha uma bicicleta! Melhor ainda: eu tinha um avô que sabia me dar o que o destino, mais tarde, tantas vezes tentaria me arrancar: *a confiança de existir*. Minha infância parecia um jardim sem muros, onde a alegria circulava livremente.

Talvez seja por isso que eu considero "Era uma vez", da cantora e compositora Kell Smith, uma das canções mais bonitas já feitas sobre esse período da vida. Ela conseguiu traduzir a saudade daquela época em que ser feliz dispensava cautela:

Era uma vez
O dia em que todo dia era bom
Delicioso o gosto e o bom gosto das nuvens serem feitas de algodão

[...] Bastava um colo, um carinho
E o remédio era beijo e proteção
Tudo voltava a ser novo no outro dia
Sem muita preocupação[2]

Com o tempo, a gente vai desaprendendo o que fazer com a alegria. Alguns a deixam de lado, com receio de parecerem tolos. Tem quem a abandone num canto,

2. Kell Smith, "Era uma vez". In: *Girassol* [S.I.]. Midas Music, 2017. Faixa 3.

com medo de pagar mico. Tem quem passe por cima dela feito um trator, preferindo preservar o orgulho. E tem quem, por algum motivo, nem saiba mais direito com o que ela se parece.

Ora, a alegria que perdura, diferente do que muita gente imagina, não costuma vir de rompantes. Ela não cai do céu, nem explode sem aviso. Precisa de solo, de paciência e, principalmente, de uma *história* que a prepare. Eu aprendi que ela só germina quando a tristeza tem onde repousar, pois se conecta a quem fomos, sem abafar o que doeu, sem fingir que nada aconteceu. É uma alegria que não teme o passado, porque carrega com ela as marcas que o tempo deixou.

Creio que é esse "pano de fundo psíquico" que sustenta o que somos quando as emoções se misturam. É ali que a alegria encontra força para não ser frágil, para não depender de circunstâncias ideais.

Entretanto, nem sempre temos espaço interno para isso. Na clínica, escuto com frequência pessoas que, mesmo diante de uma conquista importante — uma viagem dos sonhos, um emprego que parecia improvável, um diploma aguardado por anos etc. —, não sentem a alegria que imaginavam. É como se algo dentro delas continuasse em modo de espera, incapaz de pousar no presente.

Percebo que, nesses casos, não se trata exatamente de tristeza. Há uma dimensão mais sutil e, também, mais inquietante: uma espécie de apagamento afetivo, um "não sentir" ocupando o lugar do "sentir" — como se houvesse um branco por dentro, interrompendo o fluxo da experiência.

O psicanalista francês André Green (1927-2012) chamou esses estados de esvaziamento (de desvitalização) de "angústias brancas". Nesses indivíduos, nada parece pulsar. Não há desejo, tampouco investimento libidinal. São os chamados *casos-limite* — sujeitos que não sofrem por excesso de emoção, e sim por um apagamento emocional crônico. No tratamento, é preciso estar ao lado desses pacientes, atuando como uma companhia viva. Green chamou essa modalidade clínica de "clínica do negativo".

Visando explicar a origem de tal sofrimento psíquico, Green propôs uma metáfora conceitual: o "complexo da mãe morta". Não se trata da morte literal da figura materna. A mãe — ou quem ocupa essa função — permanece ali, ao lado do bebê, porém não se encontra disponível afetivamente. Está viva, mas emocionalmente desligada. Olha, mas não vê; toca, mas não sente. E o bebê, que depende desse contato para construir a sua própria vida emocional, é invadido por um vazio que tende a moldar a sua personalidade. Tais circunstâncias dão origem a um sujeito com dificuldade de investir em si e, por conseguinte, no outro. Green nomeou esse quadro como o "narcisismo de morte".

Antes de prosseguir, considero essencial desfazer um equívoco do senso comum: a ideia de que o narcisismo, por definição, seja necessariamente algo ruim. Frequentemente pode se escutar o termo ser usado para descrever somente comportamentos egoístas, vaidosos ou indiferentes ao outro. No entanto, há um tipo de narcisismo que é estruturante, ligado às primeiras experiências de vida, e fundamental para a construção de um sentimento estável de si. É nessa dimensão que Freud[3] situou o "narcisismo primário", etapa em que o bebê ainda vive na ilusão de ser o centro do mundo, sendo investido amorosamente por aqueles que o rodeiam. Quando esse investimento falha, o Eu se encapsula, e o outro passa a ser percebido como uma ameaça. É preciso, portanto, ter sido amado inicialmente antes de poder amar de forma verdadeiramente implicada.[4]

---

3. Sigmund Freud, "Introdução ao narcisismo". In: Freud, S. *Obras completas*. São Paulo: Companhia das Letras, 2010, v. 12. (Trabalho original publicado em 1914.)
4. Explico detalhadamente o conceito de narcisismo em Freud no capítulo "Configurações do narcisismo" de meu livro *Psicanálise de boteco: o inconsciente na vida cotidiana*. São Paulo: Paidós, 2022.

Green,[5] por sua vez, aponta que a ausência de investimento libidinal nos primórdios da vida deixa marcas que permanecem como zonas de desinvestimento no inconsciente: buracos psíquicos que, posteriormente, poderão ser preenchidos por intensos movimentos de agressividade, indiferença ou esvaziamento afetivo. Em síntese, o narcisismo de morte conduz o sujeito a uma experiência de inexistência subjetiva, tornando-o próximo da figura de um "morto-vivo".[6]

Sinceramente, não acredito que todos tenhamos vivido os traumas precoces que Green descreve com tanta ênfase. Contudo, a hiperexposição,[7] a velocidade, a descartabilidade das relações e a exigência contínua de demonstrar bem-estar são aspectos que esvaziam o nosso mundo interno. Diante de tais circunstâncias, a imagem da "mãe morta" pode ser aplicada à própria dinâmica da sociedade, marcada por presenças

---

5. A. Green, *Narcisismo de vida, narcisismo de morte*. São Paulo: Escuta, 1988.
6. A imagem dos zumbis da série *The Last of Us* (2023), da HBO, pode funcionar como uma metáfora simbólica para esse estado de apagamento psíquico. No seriado, os infectados não são monstruosos apenas pela aparência física. O verdadeiro terror, eu diria, está na perda total da subjetividade. Eles seguem vivos, mas não desejam. Repetem gestos sem direção, habitando o mundo sem realmente estar nele.
7. Ver J. Haidt, *A geração ansiosa: como a infância hiperconectada está causando uma epidemia de transtornos mentais*. São Paulo: Companhia das Letras, 2024.

emocionalmente ausentes. Trabalhamos, estudamos, respondemos mensagens, postamos fotos, mas boa parte desse contato não passa de uma repetição mecânica. E, tal como o bebê do "complexo da mãe morta", vamos nos acostumando a esse modo de existir.

Explico melhor: não é que deixemos de sentir de uma hora para outra. Aos poucos, a falta de investimento afetivo no nosso entorno começa a nos ensinar a também não investir. É como se um deserto fosse se estendendo, deixando nossas paisagens internas cada vez mais áridas. E aí chegamos ao paradoxo: mesmo quando algo bom acontece, o terreno está tão ressecado que a alegria não consegue brotar ou penetrar. Com efeito, a metáfora da "mãe morta social" nos ajuda a pensar a nossa época como um grande ambiente de desligamento afetivo.

Em *A crise da narração*, o filósofo sul-coreano Byung-Chul Han descreve um cenário em que a arte de contar histórias — que atribuía sentido às experiências e construía pontes entre as gerações — vem se desfazendo com o impacto da velocidade digital e fragmentação da atenção. Segundo ele, "ser e informação são mutuamente excludentes. Assim, é inerente à sociedade da informação uma *carência de ser*, um esquecimento do ser".[8]

8. Byung-Chul Han, *A crise da narração*. Petrópolis: Vozes, 2023, p. 14.

Caros leitores, falar de alegria nesta parte do livro não significa trair a tristeza, muito menos ignorá-la. Pelo contrário: reconhecer a alegria como uma emoção possível é um modo de torná-la aliada da tristeza. Só se pode comemorar de verdade aquilo que já foi, em alguma medida, sonhado e vivido — a ponto de deixar saudades.

Afinal, como nos ensinou o gigante Rubem Alves:

> A gente está alegre, não é alegre. Porque esse sentimento não se mantém para sempre. Surge, colore o mundo e some feito bola de sabão. Quando se está triste, bom saber, acontece igualzinho.[9]

9. Rubem Alves, "Alegria e tristeza". *Casa*, 4 abr. 2013. Disponível em: https://casa.abril.com.br/bem-estar/rubem-alves-alegria-e-tristeza. Acesso em: 12 ago. 2025.

13

Quando a tristeza é desmentida

> *Cresci num mundo que rejeitava tudo o que eu era, e vivi isso como uma injustiça porque — é o que repetia para mim centenas de vezes por dia, até cansar —, vivi o mundo como uma injustiça porque eu não tinha escolhido ser o que era.*[1]

Na adolescência, comecei a desaparecer. Ou melhor: foi antes, eu devia ter uns 9 anos. Foi um sumiço gradual, em prestações. Primeiro, parei de levantar a mão na sala de aula. Depois, fui diminuindo o riso, engolindo as palavras, desviando os olhos dos olhares que me invadiam. Passei a evitar eventos sociais. Não queria mais ser notado. Entendi que chamar atenção podia ser perigoso. Que existir demais acabava virando motivo

1. Édouard Louis, *Mudar: método*. São Paulo: Todavia, 2024, p. 23.

de deboche. Na escola, torcia para que os professores esquecessem o meu nome.

Em casa, fingia que estava tudo bem. Não porque fosse mais fácil, mas porque contar a verdade parecia impossível. Sempre dizia que o dia tinha sido tranquilo. Inventava histórias que soassem positivas: comentava que o recreio tinha sido divertido, que as aulas estavam boas. Tudo para não preocupar meus pais. Na verdade, eu passava os intervalos sozinho, feito um objeto esquecido no canto do pátio. Ninguém se aproximava. Era como se eu carregasse um vírus contagioso. Até as meninas, que me pareciam mais delicadas, mantinham distância. Afinal, eu era um menino — e meninos não cabiam nas brincadeiras delas.

Nas aulas de educação física, eu costumava ser o último a ser escolhido. Não sabia jogar futebol — e, para meu azar, essa era a única atividade que o professor considerava digna de atenção. Um dia, fiquei rodando pela quadra, perdido, sem saber o que fazer durante o jogo. O capitão do meu time, impaciente, chutou a bola com força na direção da minha cabeça. Atingiu em cheio. Todos riram. Inclusive o professor.

Diziam que minhas roupas eram "de menina", ainda que todos usassem o mesmo uniforme. Eu permanecia horas em frente ao espelho, tentando descobrir o que havia de errado comigo. Procurava, em vão, por algum detalhe que explicasse por que eu parecia ter sido expulso do território dos meninos.

Meus pais, naturalmente, não compreendiam o meu silêncio. Eu me perguntava: como contar que eu era motivo de piada? Como dizer que achavam que eu "tinha jeito de menina"? Como contar para eles, que se esforçavam tanto para pagar a escola, que nutriam tantas expectativas? Sentia que eu deveria poupá-los. Então, só me restava a vergonha. Vergonha de existir do meu jeito.

Ser um menino gay num ambiente que rejeitava qualquer traço de delicadeza significava existir sob tensão constante, preocupado em sobreviver aos impulsos do meu próprio corpo.

No entanto, sobreviver é pouco quando o preço é a amputação de quem se é.

Quem nunca esteve nesse lugar talvez considere essa narrativa um pouco exagerada — entendo perfeitamente. Mas sinto a necessidade de contá-la. Busco, por meio da escrita, recuperar alguns pedaços do menino que eu enterrei, mesmo que ainda me faltem palavras.

Em certas circunstâncias, é na experiência do outro que conseguimos acessar a nossa vivência. Recorro à potência de um texto literário, na tentativa de atribuir sentido a uma dor que, por muitos anos, não tive repertório para nomear. Em *O fim de Eddy*, Édouard Louis desabafa:

> *É você o veado?*
>
> Quando a pronunciaram eles a inscreveram em mim para sempre, como um estigma, aquelas marcas que os gregos infligiam a ferro em brasa ou a faca no corpo dos indivíduos desviantes, perigosos para a comunidade. E percebi a impossibilidade de me desfazer desse estigma. Foi a surpresa que me atravessou, mesmo que aquela não fosse a primeira vez que me diziam algo semelhante. A gente nunca se acostuma às ofensas.[2]

Na primeira vez que li esse trecho, precisei fechar o livro. Respirei fundo, tentando afastar uma série de lembranças que ainda latejam no meu peito. Junto ao desconforto, irrompeu uma constatação indigesta: o alvo nunca foi o que eu dizia ou fazia. Era o que eu encarnava sem saber; o que meu corpo comunicava antes mesmo que eu entendesse sua linguagem.

A humilhação fazia parte do meu currículo — embora não constasse nos boletins. Para suportá-la, precisei aprender a me adiantar ao golpe. A ironizar antes que alguém apontasse o dedo. A rir de mim mesmo com exagero — como se, ao fazer isso, eu pudesse anular o riso alheio. Criei um escudo improvisado de

---

2. Édouard Louis, *O fim de Eddy*. São Paulo: Planeta do Brasil, 2018. E-book [grifos do autor].

respostas rápidas, silêncios bem colocados e um olhar que dizia: "Não chegue perto."

Por fora, parecia arrogância. Por dentro, era só medo com roupa de coragem.

Lembro do dia em que essa armadura cedeu. Eu tinha uns 15 anos e estava mais quieto do que o habitual. No fim da aula de literatura, a professora me chamou discretamente e perguntou se estava tudo bem. Comentou que eu parecia distante. Ela não foi invasiva, e talvez tenha sido essa gentileza que me desestabilizou. Eu não esperava por isso naquele lugar inóspito.

Por alguns segundos, senti raiva. Não dela, mas do fato de ter sido visto. Era como se tivessem conseguido olhar por uma fresta, justo quando eu acreditava ter trancado todas as janelas.

Respondi que estava tudo ótimo, num tom seco e impessoal. Ela não insistiu. Apenas disse, com calma: "Quando quiser conversar, estou por aqui." Saí da sala atordoado diante da simples impossibilidade de sustentar a minha própria vulnerabilidade, e a frase da professora ficou martelando no meu cérebro.

Em seguida, senti algo parecido com tristeza. Uma tristeza abissal, solitária. Eu precisava mesmo de amparo, mas não sabia como pedir. Sentir demais era um risco ali. Engoli em seco e engavetei a emoção, antes que ela se tornasse visível. Continuei fingindo. Refinando o disfarce. Engrossando a voz.

Durante anos, criei versões de mim que pudessem ser mais aceitáveis. Mais masculinas, mais "normais". Dei risada de brincadeiras que me feriam, na esperança de ser aceito. No meio desse enredo, fui perdendo o meu próprio roteiro. Para caber no mundo deles, precisei me deformar.

Com o tempo, as pessoas começaram a confundir a minha insegurança com autoconfiança. Nada daquilo era natural. Eu inventei uma forma que me permitisse circular por um contexto, avesso a qualquer excesso de sensibilidade. Trata-se de um mecanismo de autopreservação; o único recurso que sobra quando o medo se torna maior do que a possibilidade de confiar. Byung-Chul Han é bastante certeiro ao falar sobre o medo e afirmar que:

> O medo sufoca qualquer amplidão, qualquer perspectiva, estreitando e bloqueando a visão. Quem sente medo se sente em aperto. O medo vem acompanhado da sensação de estar aprisionado e enclausurado. No medo, o mundo nos parece uma prisão. Todas as portas que levam ao aberto estão fechadas. O medo obstrui o futuro, fechando-nos o acesso ao possível, ao novo.[3]

---

3. Byung-Chul Han, *O espírito da esperança: contra a sociedade do medo*. Petrópolis: Vozes, 2024, p. 13.

Desmontar o personagem não foi simples. Precisei atravessar um árduo processo de análise até compreender que a minha dificuldade em pedir ajuda era consequência de uma tragédia social. Percebi que não bastava contar a história, era preciso entender como ela se inscreveu em mim.

Encontrei respaldo nas ideias do analista húngaro Sándor Ferenczi (1873-1933). Ao longo de sua obra, e especialmente em seus escritos mais tardios, Ferenczi se dedicou a escutar o que a maioria dos analistas preferia não ouvir: os efeitos da violência real sobre a subjetividade da criança. Diferente de Freud, que situava o trauma em termos predominantemente pulsionais, Ferenczi se debruçou sobre os "traumas reais" — provenientes de abusos e de outras situações de violência.

No texto "Confusão de línguas entre os adultos e a criança" (1933),[4] o autor aponta que a situação traumática se estrutura em três tempos distintos. No primeiro momento, a agressão sofrida pela criança a lança num estado de dor intensa e indizível, impossível de ser rapidamente simbolizada. Em seguida, a criança busca apoio em um adulto confiável, que possa acolher seu sofrimento e ajudá-la a dar sentido à experiência vivida.

4. Sándor Ferenczi, "Confusão de línguas entre os adultos e a criança". In: Ferenczi, S. *Obras completas*. São Paulo: Martins Fontes, 2011, v. 4.

Esse segundo tempo é marcado pela tentativa de encontrar um testemunho capaz de validar a sua realidade psíquica. O trauma se completa quando o adulto, em vez de amparar a dor que lhe é confiada, recusa-se a escutar o que foi narrado, desmentindo a vítima.[5]

Tal gesto desautoriza a experiência e interrompe o processo de simbolização, mergulhando a criança em um estado de desamparo radical. Sem ninguém que valide a sua dor, ela recorre à única saída possível e identifica-se com o agressor, incorporando-o. Ao fazer isso, internaliza a culpa que originalmente pertencia ao adulto. Aprende a duvidar das próprias percepções e acredita ser a responsável pela catástrofe.

O trauma é um acontecimento tão devastador, que não pode ser recalcado — simplesmente porque não encontra lugar onde possa ser inscrito —, não tem representação psíquica. Em decorrência do choque brutal causado pelo desmentido, o Eu, sem recursos para elaborar o vivido, acaba se fragmentando: de um lado, fica a parte que sente; de outro, a parte que sabe. Essas duas instâncias não se tocam, não dialogam e tampouco reconhecem uma à outra.

5. Essa sistematização bem-sucedida do pensamento ferencziano sobre o trauma foi proposta pelo meu querido professor Daniel Kupermann no livro *Por que Ferenczi?* São Paulo: Zagodoni, 2019.

O lado que interage com o mundo segue anestesiado, operando no modo automático. Além disso, o sujeito amadurece depressa demais — como os frutos bicados que se tornam maduros antes da hora, porque foram feridos. Não raro, encontramos nesses casos um intelecto precoce, excessivamente desenvolvido, como se o pensamento tentasse compensar o vazio existencial. Ferenczi, já em 1923, nomeou esse fenômeno como "o sonho do bebê sábio".[6]

Paralelamente, o outro lado do Eu — aquele que sente — se isola para proteger a criança de novas ameaças, criando uma espécie de barreira psíquica que a mantém viva, mas dividida. Nesse sentido, o conceito de "Orpha", proposto por Ferenczi em seu *Diário clínico* (1932),[7] é uma das tentativas mais impressionantes da psicanálise para pensar como a subjetividade se reorganiza diante do inominável. A Orpha não é uma parte

6. O "sonho do bebê sábio" foi descrito por Ferenczi como uma manifestação comum em pacientes que viveram traumas precoces. Trata-se de sonhos nos quais bebês de colo, recém-nascidos ou crianças muito pequenas aparecem falando com desenvoltura, oferecendo explicações científicas, discursos eruditos ou comentários filosóficos. A imagem onírica denuncia uma maturidade psíquica forçada, resultado da necessidade de sobreviver em ambientes onde não havia espaço para a dependência ou para o desamparo. Ver "O sonho do bebê sábio", in: Ferenczi, S. *Obras completas*. São Paulo: Martins Fontes, 2011, v. 3.
7. Sándor Ferenczi, *Diário clínico*. São Paulo: Martins Fontes: 1990.

do Eu; trata-se de "instintos vitais organizadores" que atuam como um "anjo da guarda interno", uma instância que impede a morte total do psiquismo. Ela aparece quando todas as outras funções entram em colapso.

Apesar de todo o silêncio imposto pela armadura, meus pais sempre demonstraram constante preocupação. Contudo, eu permanecia retraído; algo em mim me impedia de contar o que estava acontecendo. Em alguma medida, creio que eu também estivesse identificado com os meus agressores ao decidir me calar. Seria essa introspecção uma forma de lealdade inconsciente à ordem violenta que me cercava? Tentei protegê-los de uma dor que, na verdade, me cabia como vítima — e não como algoz. Como acontece com muitas crianças silenciadas, internalizei a lógica do agressor: passei a acreditar que merecia o que vivia. A tristeza, por falta de testemunho, teve de ser contida.

Mais tarde na vida, conversando com outros amigos gays, fiquei assustadoramente impressionado ao perceber que a dor é naturalizada por quem a sente. Ela se infiltra de maneira tão sutil que se confunde com o modo de ser. Talvez eu só não tenha adoecido por conta do amor que sempre recebi em casa, de meus pais e dos meus avós. Esse investimento amoroso me oferecia um chão invisível, agindo como um fio de continuidade em meio ao caos.

Se o desmentido de que fala Ferenczi ocorre em nível intrafamiliar — envolvendo a recusa da escuta de um adulto frente à dor de uma criança —, é possível pensar que algo semelhante pode acontecer em escala social. Ora, quando a homossexualidade é rejeitada pela cultura que nos rodeia, instala-se um dispositivo coletivo de desautorização da experiência de ser (e continuar sendo). Chamo isso de "desmentido social", cujos efeitos são igualmente devastadores. Nesse cenário, a tristeza se encosta em alguma esquina da alma, à espera de um momento em que, enfim, possa ser escutada.

Ferenczi foi, a meu ver, o primeiro dos grandes analistas a revelar que o ato de escutar é, por si só, uma "ética do cuidado".[8] Na ausência de alguém capaz de acolher esse excesso, resta ao sujeito seguir sozinho — e à força.

Contar esta história é devolver a mim mesmo aquilo que me foi negado e, também, lembrar ao leitor — você — que todo silêncio imposto deixa um rastro. Aqui, a escrita cumpre um trabalho de resgate e, de certo modo, vingança.

---

8. Discorro sobre essa ideia com profundidade em: A. P. Almeida, *Por uma ética do cuidado: Ferenczi para educadores e psicanalistas*. São Paulo: Blucher, 2023, v. 1.

Cecília Meireles, com a delicadeza dos poetas, traduziu esse gesto:

> Meu coração, coisa de aço,
> começa a achar um cansaço
> esta procura de espaço
> para o desenho da vida.[9]

9. Cecilia Meireles, *Antologia poética.* São Paulo: Global Editora, 2020. E-book.

14

Tristeza e esperança

> *Ocorre que essa exigência de imortalidade é tão claramente um produto de nossos desejos que não pode reivindicar valor de realidade. Também o que é doloroso pode ser verdadeiro.*[1]

Depois da perda do Bing, senti que comecei a me encapsular novamente, perdendo o fascínio pelas miudezas do cotidiano — aquelas que, como mencionei antes, ajudam a manter o passo. Deixei de reparar no vento empurrando as cortinas, passei a evitar o lado direito do sofá, onde ele costumava deitar, e fui adiando, dia após dia, os passeios com os meus outros

1. Sigmund Freud, "A transitoriedade". In: Freud, S. *Obras completas.* São Paulo: Companhia das Letras, 2010, v. 12, p. 248. (Trabalho original publicado em 1916.)

dois cachorros, criados com Bing desde filhotes. Eles também pareceram adoecer: perderam o apetite e a vontade de brincar.

Será que cachorro também fica triste?

Voltei a me ocupar demais com o trabalho. Porém à noite, na cama, era difícil evitar aquela curva na memória. De manhã, sentia uma resistência quase física para ir até a área de serviço, onde Bing costumava dormir. Era o receio de me permitir sentir, de cair na armadilha do luto. Entendo, agora, o que uma querida amiga escreveu: "A primeira hora da manhã e a última antes de dormir são como um pedágio da dor para o enlutado. Não há como passar ileso por elas."[2]

Experimentei outro tipo de tristeza: uma tristeza opaca, que vai desbotando o brilho da existência. Eu seguia cumprindo as obrigações da vida adulta, mas sentia algo fora do lugar. O presente começou a se arrastar, adquirindo uma espessura densa demais para ser habitada. O futuro, antes cheio de possibilidades, simplesmente sumiu do meu campo de visão.

Para piorar, do lado de fora da minha tristeza, o mundo seguia com a sua programação de tragédias: colapsos ambientais, violência urbana, governos

---

2. Helena Cunha Di Ciero, *O que enxerguei quando seus olhos ficaram opacos*. São Paulo: Quelônio, 2024, p. 49.

ameaçando tirar direitos, manchetes cada vez mais espetaculares, com a função de nos manter sempre alertas (e esgotados). Cada vez que olhava o celular, uma nova camada de ansiedade grudava em mim.

Nesse sentido, a ausência de projeção de futuro pode ser compreendida como uma espécie de congelamento interno, uma retração psíquica que tenta poupar energia, cansada de sustentar a rotina e o excesso de informações catastróficas.

Pois bem, como cultivar alguma esperança num contexto apocalíptico que parece sistematicamente empenhado em nos roubar o futuro?

Ao tentar responder a essa questão, me afasto de uma lógica que tomou conta do discurso contemporâneo: a ideia de que só nos resta viver o agora com intensidade absoluta, como se o futuro fosse apenas uma abstração. Confesso que há algo de sedutor nessa proposta. Diante de tanto colapso, por que não aproveitar o hoje até a última gota? Por que não gozar sem culpa e sem pensar nas consequências?

Talvez porque esse tipo de resposta — imediatista e individualista — denuncie uma reação tão desesperada quanto a tentativa de controlar tudo. Viver somente o presente, como se não houvesse amanhã, também pode ser uma forma de negação; uma anestesia disfarçada de liberdade.

Não defendo, portanto, a imprudência; tampouco o hedonismo deslumbrado. Acredito, com veemência, que precisamos reaprender a lidar com a ideia de futuro, considerando que *viver é sempre um ato de aposta* — e toda aposta exige algum grau de incerteza (e riscos).

Por isso, quando afirmo que é necessário nutrir alguma esperança, não estou me referindo a um otimismo ingênuo. Penso num exercício mais modesto: o de tentar habitar o tempo por inteiro, sem nos ausentarmos de nós mesmos.

Essa tensão entre o presente e a esperança não é novidade. Já inquietava Freud em 1916, quando ele escreveu o breve (e assustadoramente atual) ensaio "A transitoriedade". O texto foi redigido em meio à Primeira Guerra Mundial, no período em que as promessas de progresso ruíam, e a tal "sociedade civilizada" colapsava diante de todos. Apesar disso (ou exatamente por isso), Freud decide relatar uma cena emblemática: uma caminhada por um campo florido, ao lado de dois amigos muito próximos que marcaram sua trajetória intelectual — o poeta Rainer Maria Rilke (1875-1926) e a escritora e filósofa Lou Andreas-Salomé (1861-1937).

A paisagem era belíssima, mas Rilke não conseguia se deixar afetar por ela. Havia "algo" que o mantinha à margem da própria sensibilidade. O que imobilizava Rilke era a certeza de que tudo aquilo, que era tão belo, iria acabar. Para ele, o destino efêmero da natureza anulava o valor do instante e, por conseguinte, o sentido da experiência.

Freud narra esse episódio sem qualquer traço de ironia ou superioridade. Há nas entrelinhas uma perplexidade contida perante à recusa do poeta em vivenciar o presente. Era como se Rilke estivesse tomado por uma tristeza que o desligava do mundo.

Em vez de tentar consolar o pessimismo do amigo, Freud não nega a dureza da finitude, tampouco suaviza a angústia. O que ele propõe é uma mudança no eixo do olhar: as coisas não importam *apesar* de sua transitoriedade, mas *por causa* dela. Isto é: o valor da experiência não se enfraquece com a impermanência. As flores, os encontros, os verões... tudo isso nos toca porque sabemos, mesmo sem querer, que eventualmente vai acabar.

Segundo Freud: "Vemos desaparecer a beleza do rosto e do corpo humanos no curso de nossa vida, mas essa brevidade lhes acrescenta mais um encanto. Se existir uma flor que floresça apenas uma noite, ela não nos parecerá menos formosa por isso."[3]

---

3. Sigmund Freud, "A transitoriedade". In: S. Freud, *Obras completas*. São Paulo: Companhia das Letras, 2010, v. 12, p. 248.

Ao apostar no mérito da efemeridade, Freud nos provoca a reencontrar uma posição ética diante da finitude. Aqui, recorro às ideias de Byung-Chul Han, na intenção de ampliar a nossa conversa:

> A esperança também precisa ser diferenciada do "pensamento positivo" e da "psicologia positiva". Em rejeição à psicologia do sofrimento, a psicologia positiva tenta se ocupar exclusivamente com o bem-estar e a felicidade. Pensamentos negativos devem ser imediatamente substituídos por pensamentos positivos; portanto, o objetivo da psicologia positiva é aumentar a felicidade. Aspectos negativos da vida são completamente desconsiderados e o mundo é representado como um grande armazém, onde obtemos tudo o que pedimos.[4]

Em suma, Han considera que essa obsessão de "higienizar" a experiência humana — retirando dela o incômodo — acaba nos tornando mais frágeis e se volta contra nós; produzindo sujeitos que não suportam cair e, por isso mesmo, não aprendem a levantar com consciência. Ao tentar evitar a dor a qualquer custo, muitos

4. Byung-Chul Han, *O espírito da esperança: contra a sociedade do medo*. Petrópolis: Vozes, 2024. E-book.

recorrem a atalhos como distrações compulsivas, consumo desenfreado, espiritualidades instantâneas. Porém o efeito colateral é corrosivo. Quando a dor é evitada, o presente perde a profundidade. O tempo já não sustenta narrativas. A vida se torna uma sucessão de ocupações. Nesse terreno, surge aquela tristeza que vai apagando os contornos da existência, até que tudo se torna cinza.

Como vimos, Freud propõe o oposto: para ele, as coisas têm valor por serem finitas. Ao invés de negar a morte, ele a inscreve como parte constitutiva da vida. Nesse ponto, evoco novamente as ideias de Han: "Ter esperança significa 'dar crédito à realidade', crer nela, de modo a torná-la prenhe de futuro. Isso nos torna 'credores do futuro'. Por outro lado, o medo nos tira toda a crença, retira da realidade todo o crédito e, assim, *impede o futuro*."[5]

Certo dia, enquanto eu vasculhava o rolo da câmera do celular em busca de uma imagem qualquer para postar no Instagram, tropecei nas fotografias do Bing. Lá estava ele, enrolado no cobertor, com a língua de fora e aquele olhar de piedade. Em outra foto, corria pela grama com tanta vitalidade que mal cabia no enquadramento. Fiquei imóvel, encarando aqueles registros.

5. Ibid. [grifos meus].

Eis que me veio à mente uma frase viral da Fernanda Torres: "A vida presta."[6]

Presta, sim, Fernanda. Apesar das perdas, das despedidas.

Quando o Bing se foi, eu jurei: chega. Nunca mais um pug, uma coleira com nome gravado, uma nova tigelinha de ração no canto da cozinha. Era demais para mim. E, por um tempo, foi mesmo.

Mas a tristeza, quando não é abafada, consegue fazer um trabalho peculiar: ela devolve, gradualmente, aquilo que parecia ter sido arrancado de nós. Não do mesmo jeito, claro. Devolve em forma saudade, gerando uma presença que sobrevive à ausência.

Neste livro, busquei nomear a tristeza em suas muitas configurações — como travessia, como linguagem, como interrupção, como trauma, como patologia. Contudo, ainda falta dizer: o que nos adoece, em última instância, é o *medo de sentir.*

---

6. A expressão "*a vida presta*" foi dita por Fernanda Torres, em dezembro de 2024, num vídeo emocionado publicado nas redes sociais, logo após ser indicada ao Globo de Ouro de Melhor Atriz por sua atuação no filme *Ainda estou aqui*. Ela celebra a indicação dizendo: "Gente, nomeada ao Golden Globe! [...] Beijo, inacreditável! E, Walter, 25 anos depois dele com a minha mãe, realmente a vida presta!" Foi um momento extremamente comovente! Como tantos brasileiros, fiquei tocado. Revivi minhas próprias lembranças, os afetos que resistem ao tempo e as lutas que justificam tudo. E pensei: Sim, Fernanda, você tem razão — *a vida presta*.

Justifico a minha suposição: se eu tivesse medo da tristeza, nunca teria tido um cachorro. E, por conseguinte, teria perdido o amor mais leal que já experimentei. Ora, é a capacidade de acolher o efêmero que sustenta a esperança. Saber que tudo é passageiro — inclusive o que é bom — e, ainda assim, não endurecer. Viver como quem diz sim ao instante. Sim à alegria. Sim à dor. Sim ao amor que parte, mas antes disso... meu Deus, como abraça.

E então, consciente dessa finitude, a gente olha uma foto, suspira e repete:

A vida presta.

Algumas palavras finais

> *Sou ajudada pela saudade mansa e dolorida de quem eu amei. E sou ajudada pela minha própria respiração.*[1]

Este foi, sem dúvida, o livro mais difícil que escrevi na vida. E não digo isso apenas pelo tema em si, mas porque ele exigiu um enfrentamento que eu vinha adiando há tempos: (re)viver o luto pela morte da minha avó.

Confesso, sem orgulho, que a primeira versão entregue aos editores saiu incompleta, estranha a mim. Além disso, faltava um tópico fundamental: as considerações finais — que eu sequer cheguei a esboçar. É curioso pensar nisso agora, porque um livro sem final

1. Clarice Lispector, *Todas as crônicas*. Rio de Janeiro: Rocco, 2018, p. 413.

parece um luto sem elaboração — algo que foi interrompido e, portanto, não encerrado. Foi a equipe editorial que me fez esse convite: voltar ao fim e escrevê-lo com mais verdade.

Na infância, uma das minhas brincadeiras preferidas era caçar borboletas com a minha avó. Corríamos pelo quintal com potes de vidro de azeitona, e quando conseguíamos capturar uma, observávamos seus detalhes por alguns segundos antes de abrir a tampa e deixá-la partir. Lembro-me do cuidado com que ela conduzia esse brincar — com cautela, sem medo de que a borboleta escapasse rápido demais. Acho que, de algum modo, essa brincadeira já dizia muito sobre ela.

Minha avó me amava com uma intensidade bonita, sem possessividade. Nunca tentou me aprisionar. Pelo contrário: me incentivava a voar, sabendo a hora de abrir a tampa.

Um mês após a sua morte, voltei para a minha tão sonhada casa de campo, no interior do sul do país. Esperava reencontrar alguma paz naquele cenário bucólico e inspirador. Porém o que encontrei foi um vazio imenso.

Adoeci.

Comecei a sentir dores estranhas, sem explicação clínica. Tive crises de insônia. Chorava por horas, antes de começar a trabalhar, e também nos intervalos entre um paciente e outro. Ficava olhando para a nossa foto recém-revelada, em cima da minha mesa, tirada num restaurante no dia do seu aniversário. Sentia meu peito rasgando, pois a ausência agia como uma navalha impiedosa.

Três meses se passaram nessa situação. Até que uma noite, depois de muita luta contra o sono, adormeci.

E sonhei: era a minha avó, vestida de branco, com uma malha de tricô que ela amava. Atrás dela, emanava uma luz imensurável, tão forte quanto o brilho do sol. Ela vinha na minha direção, segurava as minhas mãos e dizia: "Segue." Ah, e havia mais um detalhe: a blusa branca era estampada por diversas borboletas azuis.

Minha avó sentia demais. Era impulsiva e intensa. Tinha um senso de justiça muito próprio, quase instintivo. E era, também, politicamente correta.

Poderia, sim, ter adoecido de tristeza — afinal, quem se permite sentir tanto corre esse risco. Contudo, ela escolheu outro caminho: usou o excesso para se conectar com a vida; sobretudo com as coisas miúdas.

Minha avó me ensinou a ouvir o canto dos pássaros, a observar as formigas caminhando em fila, a contar as conchas na beira do mar, e o principal: a parar quando o ritmo estava acelerado.

Elizabeth Bishop — juro que a coincidência dos nomes não foi intencional — escreveu:

A arte de perder[2]

A arte de perder não é nenhum mistério;
Tantas coisas contêm em si o acidente
De perdê-las, que perder não é nada sério.

Perca um pouquinho a cada dia. Aceite,
austero,
A chave perdida, a hora gasta bestamente.
A arte de perder não é nenhum mistério.

Depois perca mais rápido, com mais
critério:
Lugares, nomes, a escala subsequente
Da viagem não feita. Nada disso é sério.
[...]

Bishop diz que a arte de perder não é nenhum mistério. E pode até ser verdade, mas, se a perda parece simples na superfície, é porque carrega algo anterior: *só se perde o que foi vivido, amado e registrado na memória.* Perder exige antes ter recebido, guardado, sentido. Minha avó me ensinou isso sem palavras, ao

2. O poema, com tradução de Paulo Henriques Britto, pode ser lido em: https://www.escritas.org/pt/t/47880/a-arte-de-perder. Acesso em: 12 ago. 2025.

transformar pequenas coisas em presenças que se conservam em mim.

No intuito de ampliar essa reflexão, recorro às ideias de Melanie Klein. A autora nos lembra que quando o amor recebido nos primórdios da vida foi "suficientemente bom" (parafraseando Winnicott), o objeto primário não desaparece: ele se *inscreve* no psiquismo como um "objeto interno bom". É dele que se origina o núcleo dos valores éticos e a confiança básica no mundo. O contato com esse objeto está diretamente ligado à capacidade do sujeito de suportar frustrações.

A esse processo, Klein associa o conceito de "gratidão". Diferentemente do otimismo forçado que impera nas redes sociais, a gratidão kleiniana nasce do reconhecimento do outro como ele é — alguém separado de nós, com vida própria. Nesse âmbito, quanto mais a experiência de prazer proporcionada pelo seio é sentida e acolhida, mais crescem a satisfação e o desejo genuíno de retribuir. Por isso, gratidão e generosidade andam juntas: quando carregamos dentro de nós a riqueza que vem da assimilação do objeto bom, podemos compartilhar o que recebemos.

Em contrapartida, quando esse sentimento não está solidamente estabelecido, atos generosos tendem a vir acompanhados de uma necessidade excessiva de retorno. Cada oferta parece deixar um buraco no ego, como se uma parte de nós tivesse sido retirada ou roubada. Ou seja, o indivíduo oferece esperando receber. Sem o objeto interno bom, o psiquismo vive em estado de carência, pobre de recursos.

Convém dizer que nem tudo está perdido quando esse objeto bom não pôde ser introjetado nos primeiros anos de vida. A psicanálise mostra que o psiquismo não é estático: ele se reorganiza, podendo se nutrir de novas experiências. Relações de amizade, encontros com a arte, a música, a literatura ou até o silêncio diante de uma paisagem podem ser fontes de introjeções. Num processo de análise (quando bem conduzido), essa possibilidade se amplia: um analista que escuta com cuidado e empatia pode ocupar simbolicamente o lugar de "bom objeto interno", oferecendo ao paciente aquilo que antes lhe faltou. Com o tempo, o acolhimento se transforma em algo próprio, fortalece as estruturas de um ego fragilizado e amplia a capacidade de viver sem tanta exigência de retorno. É um trabalho lento, mas que confirma a ideia de que o bom objeto pode ser conquistado — e não apenas "herdado".

No luto, especialmente, o objeto interno bom funciona como um alicerce que nos mantém de pé. Ele é a prova de que o amor vivido foi real e deixou marcas que resistem à ausência física, permitindo que a dor da perda não se confunda com a aniquilação.

Cito Melanie Klein:

> Ouvi uma menina pequena dizer que ela amava sua mãe mais do que todas as pessoas, pois o que faria ela se sua mãe não a tivesse dado à luz e alimentado? Esse forte sentimento de gratidão estava ligado à sua capacidade de fruição e mostrava-se em seu caráter e em suas relações com outras pessoas em particular pela generosidade e consideração. Ao longo da vida, essa capacidade de fruição e de gratidão torna possível uma diversidade de interesses e prazeres.[3]

Quando penso na minha avó à luz dessas ideias de Klein, percebo que ela foi, para mim, a personificação desse objeto interno bom. Não porque ela tenha sido perfeita; aliás, se eu a percebesse assim, estaria diante de um objeto idealizado, e isso é bem diferente. O objeto idealizado vive sob a tirania da perfeição. O objeto bom, ao contrário, é constituído por falhas e limites.

Minha avó, como qualquer ser humano, tinha seus momentos de impaciência e suas opiniões

---

3. Melanie Klein, "Nosso mundo adulto e suas raízes na infância". In: Klein, M. *Inveja e gratidão e outros ensaios*. São Paulo: Ubu, 2023, p. 322. (Trabalho original publicado em 1959.)

intransigentes. E, ainda assim, ou talvez exatamente por isso, foi capaz de me oferecer um amor que não me sufocava com exigências de ser alguém que eu não era. Esse é o traço fundamental do objeto interno bom: ele não cobra perfeição nem de si nem do outro, porque reconhece que a vida se ampara na imperfeição compartilhada.

Coincidentemente ou não, lembrei-me de uma carta escrita pelo grande escritor Rainer Maria Rilke a Franz Xaver Kappus — na época, um jovem aspirante a poeta — em tom de aconselhamento:

> O senhor olha para fora e é justamente isso que o senhor não deveria fazer agora. Ninguém pode aconselhá-lo e ajudá-lo, ninguém. Há apenas um meio. *Olhe para dentro de si mesmo.* Explore a motivação profunda que o impele a escrever, verifique se no ponto *mais profundo de seu coração* ela estende suas raízes, confesse para si mesmo se o senhor morreria se o impedissem de escrever. [...] Por isso, *fuja dos temas gerais*, refugie-se naqueles que seu cotidiano lhe oferece, descreva suas tristezas e seus anseios, os pensamentos fugidios e a fé em uma beleza qualquer — descreva isso tudo com sinceridade íntima, silenciosa e humilde e utilize coisas ao seu redor para se expressar,

> as imagens presentes em seus sonhos e os objetos de sua memória.[4]

Rilke não teve contato com a obra de Klein, mas é impressionante como essa carta define, em linhas gerais, a importância do objeto interno bom para a criatividade. Quando há dentro de nós uma presença confiável, capaz de amparar as nossas hesitações (e quedas), torna-se possível arriscar o olhar para dentro sem medo de se perder no escuro. É dessa base que nasce a liberdade para escrever sobre o que é íntimo, transformando experiências em matéria de criação.

A gratidão que sinto por minha avó é um afeto quase palpável. Ainda hoje, ouço sua voz quando esqueço de observar a vida: "Respira. Olha ao redor. Repara nas borboletas." É como se ela continuasse abrindo a tampa do pote. Tais valores, registrados em mim pela nossa convivência, continuam a orientar as minhas escolhas, mantendo a minha fé no mundo — e aqui não me refiro à religião.

Eis a verdade que demorei a escrever: não há luto sem amor, e não há amor que, vivido assim, não crie raízes. Minha avó vive em mim, e com ela aprendi que

4. Rainer Maria Rilke & Franz Xaver Kappus, *Cartas a um jovem poeta*. São Paulo: Planeta, 2022, p. 22-23 [grifos meus].

a arte de perder só se sustenta quando temos, dentro de nós, alguém que ensinou a ganhar o que realmente importa. E eu ganhei.

Voltemos, então, ao episódio do sonho. Arriscando uma interpretação selvagem, creio que ele me devolveu um sopro de vida. Não por acaso, minha avó surgiu coberta de luz — símbolo de vitalidade e permanência. O gesto de estender as mãos e dizer "segue!" representou uma mensagem de continuidade possível — uma entrega simbólica de bastão. Foi como se ela dissesse: "Você já me carrega, agora vá."

Por fim, caros leitores, admito: eu quis escrever este livro para ela.

Mas também para mim.

E também para os outros.

Escrevi para colocá-la de volta na minha vida.

Como bem disse Annie Ernaux sobre a perda da mãe: "Escrevo para trazê-la ao mundo."[5]

E toda vez que escrevo, ela volta. *Inteira.*

---

5. Annie Ernaux, *Uma mulher*. São Paulo: Fósforo, 2024, p. 25.

Epílogo

nós já temos as coisas que nos completam
só que elas não são coisas
elas são pessoas
e conexão e riso
— *insubstituíveis*[1]

Desde o dia em que minha avó paterna morreu, nunca mais voltei à casa dos meus pais. Também deixei de comemorar o meu aniversário, talvez porque certas datas e certos lugares guardem uma carga invisível, tão pesada quanto a própria ausência.

Não é que eu tenha me distanciado deles — pelo contrário. Nesses anos, recebi tanto amor que às vezes me pergunto como consegui seguir acreditando na solidão.

---

1. Rupi Kaur, *Meu corpo minha casa*. São Paulo: Planeta, 2020, p. 112.

Será que não foi precisamente por isso, aliás?

Em meio à escrita deste livro, completamente imerso nas minhas emoções, minha mãe subiu até o meu escritório e deixou um Kinder Ovo sobre a mesa. Não disse nada; só deixou e passou as mãos na minha cabeça. O Filipe, meu companheiro, todas as manhãs chegava com um café e ovos fritos. Meu pai, num jantar na minha casa, me abraçou e confessou que estava preocupado com a intensidade que eu depositava nesta escrita. Chorou, pois para ele esse gasto de energia era diferente de tudo o que conhecia como trabalho. Ele sabia, de algum modo — e eu não sei dizer como — que cada capítulo que eu terminava me custava um pouco de vida e me devolvia outra, diferente.

Todas essas ações me remetem ao óbvio: a tristeza ganha mais sentido, e deixa de ser patológica, quando é compartilhada.

Por isso acredito tanto na psicanálise como uma ética do cuidado — dispositivo que abre espaço para que o sujeito sinta e seja, sem precisar se desculpar. O que me move, na clínica e no viver, é essa convicção de que o afeto sustentado mantém o mundo interno respirando e preserva a nossa capacidade de acreditar na impermanência do ser.

A recordação de um sábado recente encontra o seu lugar neste livro.

Retornei ao bairro onde fui criança. Porém não fiz isso por obrigação ou por dor na consciência. Voltei porque tinha festa junina — época do ano que, para mim, tem cheiro de origem. E porque estava com saudade da minha versão infantil.

A festa acontecia no mesmo terreno baldio no qual eu brincava de esconde-esconde com os meus primos, apesar de agora estar tomado por barracas coloridas e bandeirinhas que tremiam com o vento. Parecia tudo igual, mas eu não era mais o mesmo.

Foi então que os vi: meus avós maternos, juntos, abraçados diante da fogueira. Ela, vaidosa, de batom rosado e brinco de pérola. Ele, impecável, usando a camisa verde-musgo de camurça que lhe dei há mais de quinze anos e o pente no bolso.

Fiquei olhando os dois, como quem contempla um milagre. Pensei na força daquele abraço. Pensei no quanto fui — e ainda sou — moldado por essas mãos que construíram casa e esperança. O avô com seus calos de pedreiro e a avó com a coragem de quem criou duas filhas vendendo roupas na vizinhança. Nenhum dos dois frequentou a faculdade. Mas sabiam das coisas.

E como sabem...

Aquela imagem — os meus avós de braços dados sob o céu frio e alaranjado de junho — parecia uma despedida disfarçada de reencontro.

Não sei quantas festas como essa ainda terei com eles. E foi por isso que tirei o celular do bolso e fiz um vídeo. Para guardar. Para lembrar que a beleza existe.

Ao som das crianças que pulavam a fogueira e gritavam por mais pipoca, eu agradeci em silêncio. Pela saúde deles. Pela sorte de ter vindo dessa família. Pela dignidade que herdei e, sobretudo, pela sensibilidade que pôde ser preservada, apesar da aspereza do mundo. Que sobreviveu aos preconceitos que sofri.

Voltar ao lugar de onde viemos é como encarar a nossa imagem no espelho. Dá um susto, um aperto, mas também dá alívio e senso de pertencimento.

Por mais que o mundo tente nos desfigurar, ainda existe um canto do universo onde a gente é exatamente quem sempre foi. E, naquele sábado, debaixo das bandeirinhas e do céu ensolarado, eu fui eu mesmo.

E fui completo.

Mais tarde, quando cheguei em casa e fui rever o vídeo no celular, me dei conta de um detalhe bobo: no fundo da gravação, dava para ouvir a minha respiração — um sopro meio ansioso e emocionado. Cogitei mandar o vídeo para a minha mãe, mas não consegui, não tive coragem. Permaneci rígido, encarando a tela, sentindo que tinha filmado uma eternidade de três minutos.

Me deu uma vontade tremenda de chorar. E chorei.

A gente passa a vida tentando conquistar um monte de coisa, mas há ocasiões em que tudo o que eu queria era caber de novo no colo da minha avó. Caber na palma da mão calejada do meu avô. Ter de volta aquela ingenuidade de acreditar que a festa junina era um evento sagrado, em que ninguém morria, ninguém adoecia, e a passagem das horas tirava folga para dançar quadrilha.

Naquela noite, dormi com os olhos esvaziados e o coração cheio. A vida é assim: um amontoado de coisas que a gente não entende direito no momento, mas que, um dia, explode feito rojão no céu da memória. E brilha. Mesmo que somente por alguns segundos.

Não é a alegria sozinha que nos sustenta, nem a tristeza em estado bruto que nos define. O que nos mantém de pé é o *entrelaço* — o momento em que alguém se aproxima e diz: “Eu estou aqui.”

Encerro com a certeza (se é que posso tecer alguma) de que a dor, quando amparada, se torna possível. E, no mundo em que vivemos, isso já é mais do que suficiente para continuar.

*

Ah, este ano, decidi comemorar o meu aniversário. Fui para uma praia de pedras polidas pelas marés e águas cristalinas. Uma paisagem onde nunca imaginei estar

— não só pela distância geográfica, mas pelas minhas origens sociais (por aquele velho hábito de achar que certos cenários pertencem a outras pessoas). O sol, estalando no céu, parecia me dizer que nada é tão bom quanto estar vivo.

Este livro foi composto na tipografia Minion Pro,
em corpo 12/16,6, e impresso em
papel off-white no Sistema Cameron da
Divisão Gráfica da Distribuidora Record.